Shuwasystem Business Guide Book How-nual

最新 中小企業と個人事業主の

補助金・助成金がよくわかる本

新しい事業展開や経営強化に役立つ！

植村 裕加 著

秀和システム

●注意
(1) 本書は、2025年1月時点で公表されている情報をもとに、補助金・助成金制度の概要をわかりやすくまとめたものです。各制度の概要については、可能な限り正確な情報を記載しておりますが、執筆時点で詳細が未公表のものや、変更が予定されている可能性のある内容も含まれています。
そのため、本書に記載された情報は参考資料としてご活用いただき、実際に制度を利用される際には、必ず公式の問い合わせ先や関係機関のウェブサイトなどで最新情報をご確認いただきますようお願い申し上げます。特に、申請手続きの具体的な方法や要件、締切日等に関しては、制度ごとに異なる場合が多いため、十分なご確認が必要です。
また、本書は情報提供を目的としており、法的助言や保証を行うものではありません。ご不明点がある場合は、直接窓口へのお問い合わせをおすすめいたします。読者の皆さまが本書の内容を最大限ご活用いただき、補助金・助成金を適切に活用されることを心より願っております。
(2) 本書は内容について万全を期して作成いたしましたが、万一、ご不審な点や誤り、記載漏れなどお気付きの点がありましたら、出版元まで書面にてご連絡ください。なお、2024年9月までの情報をもとに作成しております。
(3) 本書の内容に関して運用した結果の影響については、上記(2)項にかかわらず責任を負いかねます。あらかじめご了承ください。
(4) 本書の全部または一部について、出版元から文書による承諾を得ずに複製することは禁じられています。
(5) 商標
本書に記載されている会社名、商品名などは一般に各社の商標または登録商標です。

はじめに

　補助金・助成金は、中小企業や個人事業主にとって、新たな事業展開や経営の強化を実現するための大きな助けとなる存在です。しかし、その仕組みや申請の流れは複雑で、多くの方が「難しそう」と感じてしまい、活用をあきらめてしまうことも少なくありません。

　本書は、補助金・助成金を「もっと身近に」感じていただくためのガイドブックです。初心者の方でも理解しやすいように、補助金・助成金の基礎知識から、申請準備、事業計画書の作成、そして採択後の注意点までを丁寧に解説しています。また、実際に採択された事例や成功へのコツも盛り込み、実践的な情報を提供しています。

　特に、次のような方に向けて本書を執筆しました。

・補助金・助成金の申請が初めてで、不安を感じている方
・自分に適した補助金・助成金を見つけたい方
・申請書類や事業計画書の作成に自信がない方
・採択率を上げるための具体的な方法を知りたい方

　補助金・助成金の活用は、単なる資金援助を受けるだけではなく、経営の方向性を見直し、事業を次のステージへ進める貴重な機会でもあります。本書を通じて、補助金・助成金を「わかりやすく」「確実に」活用するための知識とスキルを身につけていただければ幸いです。

　それでは、一緒に「補助金・助成金」を使いこなし、事業の可能性を広げていきましょう！

2025 年 4 月　植村裕加

図解入門ビジネス
最新 中小企業と個人事業主の補助金・助成金がよくわかる本

はじめに …………………………………………………………………………… 3

1章　中小企業と個人事業主の補助金・助成金の基礎知識

01	小規模企業白書からみる中小企業の申請状況…………………………	8
02	補助金申請が難しいと思う方へ …………………………………………	10
03	補助金の定義 ………………………………………………………………	12
04	助成金の定義 ………………………………………………………………	14
05	補助金の種類①小規模事業者持続化補助金 ……………………………	16
コラム	インボイス制度対策で使える補助金 …………………………	21
06	補助金の種類②事業承継・引継ぎ補助金 （2025年からは事業承継・M&A補助金）…………………………	22
07	補助金の種類③ものづくり補助金 ………………………………………	28
08	補助金の種類④IT導入補助金 ……………………………………………	32
09	補助金の種類⑤新事業進出補助金 ………………………………………	37
コラム	さようなら事業再構築補助金 …………………………………	40
10	補助金の種類⑥中小企業省力化投資補助金 ……………………………	41
11	補助金の種類⑦中小企業成長加速化補助金 ……………………………	45
12	補助金の種類⑧成長型中小企業等研究開発支援事業 （Go-Tech事業）…………………………………………………………	47
13	助成金の種類①人材開発支援助成金 ……………………………………	49
14	助成金の種類②キャリアアップ助成金 …………………………………	52
15	助成金の種類③業務改善助成金 …………………………………………	56
16	補助金・助成金の情報収集 ………………………………………………	59
17	役に立つ施設と利用方法 …………………………………………………	61
18	補助金を受け取るまでの流れ ……………………………………………	64
19	助成金のフロー ……………………………………………………………	68
20	中小企業・小規模事業者の定義 …………………………………………	71

2章　補助金・助成金を申請するための準備

- 01　補助金・助成金を申請するために必要なもの ……………………… 76
- 02　「公募要領」を確認する ……………………………………………… 78
- コラム　過去に申請した補助金がないか？ …………………………… 79
- 03　GビズIDを取得する …………………………………………………… 81
- 04　jGrants（補助金・助成金の）電子申請 …………………………… 83
- 05　ミラサポplusの活用 …………………………………………………… 86
- 06　決算書をそろえる ……………………………………………………… 89
- 07　必要な書類をそろえる際のポイント ………………………………… 92
- コラム　書類の準備で気を付けるべきポイント ……………………… 95
- 08　補助金における加点とは ……………………………………………… 97
- 09　加点項目①女性の活躍・両立支援 …………………………………… 99
- 10　加点項目②くるみん・えるぼし ……………………………………… 103
- 11　加点項目③パートナーシップ構築宣言 ……………………………… 106
- 12　加点項目④健康経営優良法人 ………………………………………… 110
- 13　加点項目⑤事業継続力強化計画 ……………………………………… 114
- 14　電子申請入力項目 ……………………………………………………… 117
- コラム　アトツギ甲子園とは？ ………………………………………… 120

3章　事業計画書の作り方

- 01　内部環境（自社の強み・弱み）を分析する ………………………… 122
- 02　外部環境（機会と脅威）を分析する ………………………………… 125
- 03　自社の情報について書く ……………………………………………… 129
- 04　補助事業（補助金で実施する事業）を考える ……………………… 132
- 05　実施計画を作成する …………………………………………………… 134
- 06　課題を抽出する ………………………………………………………… 137
- 07　実施体制を検討する …………………………………………………… 139
- 08　業界の動向を調査する ………………………………………………… 141
- 09　市場規模とシェアを計算する ………………………………………… 144
- 10　競合について調べる …………………………………………………… 146

11	マーケティングの 4P を考える ……………………………………	148
12	製品・市場マトリクスを考える（アンゾフの成長マトリクス）………	150
13	シナジーを活かす ……………………………………………………	152
14	財務状況の健全性 ……………………………………………………	154
15	売上計画を策定する …………………………………………………	157
16	付加価値額や人件費関連費について考える……………………………	159
17	事業計画書の作成要領と見直しのポイント…………………………	162
コラム	生成 AI を補助金申請で活用する……………………………………	165
18	仕上げを行いタイトルや概要欄を作成する……………………………	166
コラム	事業計画書作成にかける時間 …………………………………………	169

4章　補助金の採択事例

01	採択率を上げるポイント ……………………………………………	172
02	小規模事業者持続化補助金の採択例①　エステサロン A 社 …………	174
03	小規模事業者持続化補助金の成功例②　くらさか風月堂……………	177
04	ものづくり補助金の採択例①　最上インクス……………………………	179
05	ものづくり補助金の採択例②　印刷業 B 社 ……………………………	181
06	事業再構築補助金の採択例　製造業 D 社 ……………………………	183
コラム	他社はどのような事業計画書を書いているか …………………………	184
07	雇用調整助成金と事業再構築補助金の採択例　ホテル松本楼………	185
コラム	IT 導入補助金の事例……………………………………………………	186

5章　補助金・助成金申請後の注意点

01	採択されてからの注意点 …………………………………………	188
02	補助金の返還や不正受給 …………………………………………	190
03	収益納付 ……………………………………………………………	192
コラム	補助金不採択の場合 …………………………………………………	193
04	専門家活用のメリット・デメリット…………………………………	194

索引 ………………………………………………………………………… 197

① 中小企業と個人事業主の補助金・助成金の基礎知識

本章では補助金・助成金の基礎知識として、申請状況や定義、補助金と助成金の違いなどを解説します。また中小企業・個人事業で使える代表的な補助金・助成金を紹介します。

中小企業と個人事業主の補助金・助成金の基礎知識

小規模企業白書からみる中小企業の申請状況

厳しい経営環境を乗り越えるための手段の1つとして、多くの中小企業において補助金や助成金が活用されています。

◆ 多くの中小企業で経営安定化の支えに

　中小企業庁が発表した**小規模企業白書**では、中小企業の経営課題や、それに対する取り組みについて詳しく分析されています。特に、新型コロナウイルス感染症の影響を受けた中小企業の資金繰り対策について、多くの企業がどのように対応したのかが明らかになっています。

　例えば、「中小企業の経営課題とその解決に向けた取組に関する調査」によると、コロナ禍において回答企業の約半数が**持続化給付金**や**雇用調整助成金**を活用していたことがわかりました。これらの制度は、売上が減少した企業や従業員の雇用を守る必要がある企業にとって、大きな支えとなりました。

　また、このような資金繰り支援策があったことで、コロナ禍における倒産件数は比較的低い水準で推移しました。これは、公的支援が経営の安定化に一定の効果をもたらしたことを示しており、事業継続のための補助金や助成金の重要性が改めて認識される結果となっています。

　企業経営において、こうした支援制度を適切に活用することは、厳しい経済環境を乗り越えるための重要な手段の1つです。補助金や助成金は、単に経済的な負担を軽減するだけでなく、事業の再構築や新たな挑戦を後押しする役割も果たします。経営者は、利用可能な支援策をしっかりと把握し、自社にとって最適な制度を活用することで、持続的な成長を目指していくことが求められます。

　かしこく補助金・助成金を活用し、経営の安定化と発展を図っていきましょう。

中小企業と個人事業主の補助金・助成金の基礎知識 1
01 小規模企業白書からみる中小企業の申請状況

感染症に関する政府施策の利用経験（2023年11月〜12月時点）

施策	n	割合
持続化給付金	n=20,744	51.6%
政府系金融機関による実質無利子・無担保融資	n=20,562	47.3%
民間金融機関による実質無利子・無担保融資	n=20,387	46.6%
雇用調整助成金	n=20,647	46.5%
IT導入補助金	n=19,878	23.7%
事業再構築補助金	n=19,485	15.5%
税金・社会保険料の支払い猶予	n=19,647	8.0%
資本性劣後ローン	n=18,066	5.2%
新型コロナ特別リスケジュール支援	n=17,840	4.4%

資料：(株)帝国データバンク「中小企業の経営課題とその解決に向けた取組に関する調査」
(注) 2023年11〜12月時点で、感染症に関連する政府施策の利用有無について、「利用したことがある」と回答した企業の割合を示している。

出所：中小企業庁「2024年版 小規模企業白書」をもとに作成

倒産件数の推移

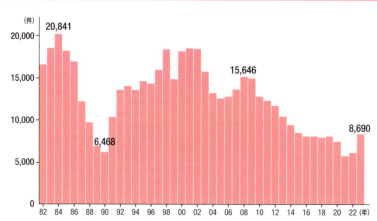

資料：(株)東京商工リサーチ「全国企業倒産状況」
(注) 1. 倒産とは、企業が債務の支払不能に陥ることや、経済活動を続けることが困難になった状態になること。また、私的整理（取引停止処分、内整理）も倒産に含まれる。
2. 負債総額1,000万円以上の倒産が集計対象。

出所：中小企業庁「2024年版 小規模企業白書」をもとに作成

中小企業と個人事業主の補助金・助成金の基礎知識

補助金申請が難しいと思う方へ

一般的に補助金申請は難しいといわれていますが、補助金・助成金をうまく活用している中小企業も確かに存在しています。そのハードルはどうすれば下げることができるでしょうか？

◆ 補助金・助成金が難しいと感じる理由

　補助金や助成金は、中小企業や個人事業主にとって大変魅力的な支援制度ですが、申請が難しそうというイメージから、最初の一歩を踏み出せない方も多いかもしれません。ここでは、そういった不安を抱える方に向けて、申請プロセスをわかりやすく説明し、成功するための基本的な考え方をご紹介します。

　まず、補助金・助成金の申請が難しいと感じる主な理由は次のとおりです。

---

① **専門用語が多い**：公募要領や申請書には、普段使わない専門的な言葉や法律用語が多く含まれています。

② **必要な書類が多い**：事業計画書、決算書、見積書など、多岐にわたる書類の準備が必要です。

③ **手続きが複雑**：オンラインシステム（例：GビズIDやjGrants）の操作や、提出期限などを正確に把握しなければなりません。

　これらが、補助金・助成金のハードルを高くしている主な要因といえるでしょう。

◆ 難しさを乗り越えるためのポイント

　以下のポイントを押さえることで、申請の難しさを大きく軽減することができます。

① 情報収集を徹底する

　補助金や助成金は種類が豊富で、それぞれ目的や対象が異なります。自分の事業に適したものを見つけるためには、経済産業省や厚生労働省のウェブサイト、自治体の情報提供ページを活用しましょう。

②認定支援機関を活用する

認定支援機関は、補助金・助成金の申請をサポートしてくれる専門家です。中小企業診断士や税理士、商工会議所などが該当します。専門家の助言を受けることで、効率的に申請を進めることができます。

③事前準備を入念に行う

公募要領をよく読み、必要な書類や手続きの一覧を作成しましょう。特にGビズIDの登録や事業計画書の作成は時間がかかる場合がありますので、早めの準備が肝心です。

④過去の成功事例を参考にする

同業種や似た規模の企業がどのように補助金・助成金を活用しているかを知ることで、自分の事業に応用できるアイデアが見つかります。事例集や採択事例を調べてみましょう。

本書では、補助金・助成金の制度概要と事業計画書の書き方について説明します。補助金申請の一助となれば幸いです。

補助金と助成金の位置付け

国や地方自治体が事業者に対して支援を行う制度
- 補助金
- 助成金

中小企業と個人事業主の補助金・助成金の基礎知識

補助金の定義

補助金は多くの業種・分野で活用されています。本節では補助金の概要と仕組みについて解説します。

◆ 補助金の定義と特徴

　コロナ禍以降、補助金を取り巻く状況は一変しました。多くの事業者がこれを活用して経営の危機を乗り越えるための糧とし、いわば「補助金バブル」ともいえる現象が起こりました。現在も、物価高騰や景気の不透明感が続く中、政府や自治体による補助金制度は引き続き多くの分野で活用されています。

　本節では、補助金とは何か、その基本的な仕組みとポイントを解説していきます。補助金制度を正しく理解することで、自社に適した補助金を効果的に活用する道筋が見えてくるでしょう。

　補助金とは、政府や自治体が特定の目的のために提供する資金支援の一形態です。以下に、補助金の主な特徴を整理して説明します。

①目的が明確に定められている

　補助金は、基本的にその利用目的が明確に定められています。例えば、中小企業のデジタル化を推進するための補助金や、販路開拓を目的とした補助金などがあります。申請者は、自社の目的がその補助金の趣旨と合致しているかを十分に確認する必要があります。

②返金不要である

　補助金の大きな特徴は、交付された資金を返還する必要がない点です。これは、補助金が「贈与」の性質を持っているためです。ただし、交付後に不適切な利用や虚偽申請が発覚した場合には返還が求められることもあるため、申請から実行に至るまでの管理を徹底する必要があります。

③必ずしも申請すれば受け取れるわけではない

　補助金は、申請すれば自動的に受け取れるものではありません。審査プロセスが設けられており、申請内容が補助金の目的や基準に合致しているか

どうかが評価されます。具体的には、以下のステップを経ることが一般的です。

①**申請書の提出**：補助金制度に応じた書式と要件を満たした申請書を作成します。
②**審査と採択**：申請内容が基準を満たしているかが審査され、採択の可否が決定します。
③**交付申請・交付決定**：採択後に必要な手続きを経て、最終的な交付が決定されます。

これらのプロセスをクリアするためには、十分な準備と正確な書類作成が必要です。

◆ **補助金活用の重要性**

補助金は、事業者にとって経営改善や新たな挑戦のための大きなチャンスを提供します。ただし、その恩恵を受けるためには、仕組みを正しく理解し、計画的に活用する姿勢が求められます。次章では、補助金申請を成功させるための具体的なステップと注意点について解説します。

補助金の活用目的と種類の例

目的	→	補助金
DX化を進めたい	→	IT導入補助金
販路を開拓したい	→	小規模事業者持続化補助金
革新的な新商品を開発したい	→	ものづくり補助金

中小企業と個人事業主の補助金・助成金の基礎知識

助成金の定義

様々な助成金がある中で、活用できている企業と活用できていない企業があります。本節では、助成金とは何か、その基本的な仕組みとポイントを解説していきます。

◆ 助成金の定義と特徴

　助成金とは、国や自治体が企業や個人事業主に対して支給する金銭的支援のことを指します。特に、雇用の促進や職場環境の改善を目的として支給されることが多く、主に厚生労働省が管轄しています。主に次のような特徴があります。

①雇用関係や職場の改善に関する支援が目的

　助成金の主な目的は、企業や個人事業主が雇用の維持や職場環境の向上を図ることにあります。例えば、新たに従業員を雇用する際の支援、育児や介護と仕事の両立を促進するための制度整備、労働者のスキルアップを目的とした研修の実施など、多岐にわたる分野で活用されています。

②返済不要である

　助成金は、企業や個人事業主が一定の条件を満たせば受給できるものであり、返済の義務はありません。そのため、資金繰りに困難を抱えている事業者にとって、大きな支援となります。ただし、適正な用途で活用しなければならず、不正受給が発覚した場合には返還を求められることがあります。

③一定の要件を満たせば受給可能

　助成金を受給するためには、各制度ごとに定められた一定の要件を満たす必要があります。補助金と異なり、厳しい審査がなく、申請手続きを適切に行い、必要な条件を満たしていれば支給されるケースが多いのが特徴です。ただし、要件は助成金の種類によって異なるため、事前に詳細を確認し、適切な準備を行うことが重要です。

◆ 助成金の財源

　助成金の財源は、主に**雇用保険料**によって賄われています。これは、企業や労働者が負担する雇用保険の保険料が積み立てられ、そこから助成金として支給される仕組みです。一方で、補助金は国の税金が財源となっており、助成金とは異なる財源で運営されています。そのため、助成金は雇用や労働に関する支援が中心となるのに対し、補助金はより幅広い分野での支援が行われることが特徴です。

　助成金を活用することで、企業は事業の成長や従業員の福利厚生の向上を図ることができます。適切に制度を理解し、計画的に申請を行うことで、経営の安定や発展につなげることが可能となるでしょう。

◆ 助成金は「原則通年」募集

　国（厚生労働省）が提供している助成金の多くは、原則通年で募集されています。特に、企業の雇用や労働環境の改善を支援するための助成金は、必要に応じていつでも申請できるように通年募集となっているものが多くあります。

　ただし、制度変更や年度ごとの予算執行状況により、急に受付が停止される場合もあるので、こまめに最新情報のチェックが必要です。

代表的な通年募集の助成金

助成金名	主な内容	募集時期
キャリアアップ助成金	非正規→正社員化や処遇改善など	通年
人材開発支援助成金	社員の職業訓練やスキルアップ支援	通年
両立支援等助成金	育児・介護との両立支援制度の整備	通年

中小企業と個人事業主の補助金・助成金の基礎知識

補助金の種類①
小規模事業者持続化補助金

企業の販路開拓や生産性向上を支援する小規模事業者持続化補助金について解説します。

◆ 小規模事業者持続化補助金とは？

小規模事業者持続化補助金(以下、持続化補助金)は、小規模事業者が持続的な経営のために行う取り組みを支援する補助金です。小規模事業者が持続的な経営を目指すために自ら経営計画を作成し、その計画に基づいて販路開拓や生産性向上などの取り組みを行う際に活用できます。2014年から開始され、多くの事業者が利用している人気の補助金です(サイトURL：https://r3.jizokukahojokin.info/)。

◆ 補助金の目的・対象者・補助率

持続化補助金は、主に以下の目的で活用されます。
- **販路拡大**：新規顧客の獲得や販売促進のための広告・宣伝活動
- **生産性向上**：業務効率化を目的とした設備投資やIT導入
- **経営基盤の強化**：長期的に安定した経営を行うための改善策の実施

この補助金を活用することで、事業の発展や競争力の強化につなげることができます。

利用対象者は以下の条件を満たす小規模事業者で、法人・個人事業主のどちらでも申請が可能です(小規模事業者持続化補助金のガイドブック第8版より抜粋)。
- **商業・サービス業(宿泊業・娯楽業除く)**：常時使用する従業員の数5人以下
- **宿泊業・娯楽業**：常時使用する従業員の数 20人以下
- **製造業その他**：常時使用する従業員の数 20人以下

また、持続化補助金の補助率や補助金額は、申請類型や事業内容によって異なります。詳しくは図表を参照ください。

補助率・補助上限額

類型	通常枠	賃金引き上げ枠	卒業枠	後継者支援枠	創業枠
補助率	2/3	2/3 （赤字事業者については3/4）	2/3		
補助上限	50万円	200万円			

※インボイス特例で50万円上乗せあり。
出所：小規模事業者持続化補助金のガイドブック第8版をもとに作成

申請類型一覧

類型	概要
通常枠	小規模事業者自らが作成した経営計画に基づき、商工会・商工会議所の支援を受けながら行う販路開拓等の取り組みを支援。
賃金引き上げ枠	販路開拓の取り組みに加え、事業場内最低賃金が地域別最低賃金より+30円以上である小規模事業者。※赤字事業者は、補助率3/4に引上げ。
卒業枠	販路開拓の取り組みに加え、雇用を増やし小規模事業者の従業員数を超えて事業規模を拡大する小規模事業者。
後継者支援枠	販路開拓の取り組みに加え、アトツギ甲子園においてファイナリストおよび準ファイナリストに選ばれた小規模事業者。
創業枠	産業競争力強化法に基づく「特定創業支援等事業の支援」を受け、販路開拓に取り組む創業した小規模事業者。

※アトツギ甲子園については、120ページのコラムを参照ください。
出所：小規模事業者持続化補助金のガイドブック第8版をもとに作成

◇ 対象経費

　対象経費は機械装置等費や広報費、ウェブサイト関連費など多岐にわたります。ただし、汎用的に使用できるパソコンや事務機器などは補助対象外となるため、申請時に注意が必要です。詳しくは図表をご参照ください。

対象経費

補助対象経費科目	活用事例
①機械装置等費	補助事業の遂行に必要な製造装置の購入等
②広報費	新サービスを紹介するチラシ作成・配布、看板の設置等
③ウェブサイト関連費	ウェブサイトやECサイト等の開発、構築、更新、改修、運用に係る経費
④展示会等出展費	展示会・商談会の出展料等
⑤旅費	販路開拓（展示会等の会場との往復を含む）等を行うための旅費
⑥開発費	新商品の試作品開発等に伴う経費
⑦資料購入費	補助事業に関連する資料・図書等
⑧雑役務費	補助事業のために臨時的に雇用したアルバイト・派遣社員費用
⑨借料	機器・設備のリース・レンタル料（所有権移転を伴わないもの）
⑩設備処分費	新サービスを行うためのスペース確保を目的とした設備処分等
⑪委託・外注費	店舗改装など自社では実施困難な業務を第三者に依頼（契約必須）

※ウェブサイト関連費は、補助金交付申請額および交付すべき補助金の額の確定時に認められる補助金総額の1/4（最大50万円）を上限とします。ウェブサイト関連費のみによる申請はできません。
※設備処分費は、補助対象経費総額および交付すべき補助金の額の確定時に認められる補助対象経費の総額の1/2を上限とします。設備処分費のみによる申請はできません。
出所：小規模事業者持続化補助金のガイドブック第8版をもとに作成

◆ 申請の流れ

持続化補助金の申請は、以下の手順で進めます。
①申請書類の準備：経営計画書や補助事業計画書を作成
②商工会・商工会議所の確認：申請書類の確認・助言を受ける
③オンラインまたは郵送で申請：提出締切までに申請を完了
④審査・採択：審査を経て採択が決定
⑤補助事業の実施：事業を開始し、必要な経費を支出
⑥実績報告・補助金の受領：事業完了後に報告書を提出し、補助金を受け取る

中小企業と個人事業主の補助金・助成金の基礎知識 1
⑤ 補助金の種類①小規模事業者持続化補助金

事前準備から事業終了までの流れ

事前準備	公募開始～交付候補者決定	交付決定～補助事業実施	補助期間終了後～
「商工会・商工会議所」へ相談／事業計画の作成	【公募申請期間】公募受付開始／公募締切／●事業計画審査／採択者決定	【補助事業実施期間】交付申請・決定／補助事業開始／●事業実施／実績報告／補助金の請求／補助金の確定／●確定検査／補助金の支払い	【フォローアップ】事業化状況報告

出所：令和6年度補正予算「小規模事業者持続化補助金（通常枠）」をもとに作成

問合せ先

●商工会議所地区
　電話番号：03-6632-1502（商工会議所地区 補助金事務局）
　受付時間：9:00 ～ 12:00、13:00 ～ 17:00（土日祝日、年末年始除く）
　事務局HP：https://r3.jizokukahojokin.info/
●商工会地区
　受付時間：9:00 ～ 12:00、13:00 ～ 17:00（土日祝日、年末年始除く）
　事務局HP：https://www.shokokai.or.jp/jizokuka_r1h/
※商工会地区の方は、事業所のある都道府県事務局にお問い合わせください。
　都道府県事務局の問合せ先は、上記URLからご確認をお願いいたします。

出所：小規模事業者持続化補助金のガイドブック第8版

小規模事業者持続化補助金のポイント

・販路拡大、生産性向上が目的の補助金
・申請枠や金額は、最新の公募要領で確認
・商工会・商工会議所の支援を直接受けながら取り組む事業である
・汎用的に使えるパソコンなどは経費として申請不可

◇ 2025年はこう変わる！

2025年度の公募に関する詳細は未発表ですが、中小企業庁の発表によると、次のような変更が見込まれています。主な変更予定の内容については「2025年の変更予定箇所」をご参照ください。

・インボイス制度に関連した支援強化
・デジタル化・DX推進のための補助対象拡大・補助金額の増額や要件の緩和の可能性

2025年の変更予定箇所

	一般型				創業型	共同・協業型	ビジネスコミュニティ型
	通常枠	インボイス特例	賃金引上げ特例	災害支援枠			
要件	経営計画を作成し販路開拓等に取り組む小規模事業者	免税事業者から課税事業者に転換	事業場内最低賃金を50円以上引き上げる小規模事業者	令和6年能登半島地震等における被災小規模事業者	産競法に基づく「認定市区町村による特定創業支援等事業の支援」を受けた小規模事業者	地域に根付いた企業の販路開拓を支援する機関が地域振興等機関となり、参画事業者である10以上の小規模事業者の販路開拓を支援	商工会・商工会議所の内部組織等（青年部、女性部等）
補助上限	50万円	補助上限50万円上乗せ	補助上限150万円上乗せ	直接被害：200万円 間接被害：100万円	200万円 ※インボイス特例は適用	5,000万円	50万円、2以上の補助対象者が共同で実施する場合は100万円
補助率	2/3 ※賃金引上げ特例を選択した事業者のうち、赤字事業者は3/4			定額、2/3	2/3	●地域振興等機関に係る経費：定額 ●参画事業者に係る経費：2/3	定額
対象経費	機械装置等費、広報費、ウェブサイト関連費、展示会等出展費（オンラインによる展示会・商談会等を含む）、旅費、開発費、資料購入費、借料、設備処分費、委託・外注費（税理士等への相談・コンサルティング費用など）			左記に加え、車両購入費	通常枠同様	●地域振興等機関：人件費、委員等謝金、旅費、会議費、消耗品・備品費、通信運搬費、印刷製本費、雑役務費、委託・外注費、水道光熱費 ●参画事業者：旅費、借料、設営・設計費、展示会等出展費、保険料、広報費	専門家謝金、専門家旅費、旅費、資料作成費、借料、雑役務費、広報費、委託費
昨年度補正予算等からの主な変更点	卒業枠・後継者支援枠を廃止			令和6年奥能登豪雨を対象に追加		参画事業者を「小規模事業者」に限定	

出所：中小企業庁「持続化補助金の概要」（令和6年12月20日更新）をもとに作成

2025年には、2024年まで存在していた「卒業枠」と「後継者支援枠」が廃止され、新たに「共同・協業型」と「ビジネスコミュニティ型」の2つの枠が拡充されます。「共同・協業型」は、10者以上の小規模事業者が集まり、共同で事業を実施することによる販路開拓を支援するものです。

　一方、「ビジネスコミュニティ型」は、商工会議所の青年部などの内部組織を支援対象とし、地域の若手経営者などによるグループでの取り組みも支援の対象となる見込みです。

COLUMN　インボイス制度対策で使える補助金

　インボイス制度は、消費税の仕組みが複雑化する中で、正確な税計算を行うために導入された制度です。請求書に適格請求書発行事業者の「登録番号」などの記載事項が必須となりました。

　このインボイス制度の対策にあたり、国が用意している補助金としては、小規模事業者持続化補助金やIT導入補助金やなどがあります。例えば、小規模事業者持続化補助金では、インボイス特例があり、課税事業者への転換時に補助金の加算を受けられたり、インボイス制度対応のための取引先の維持・拡大に向けた専門家（税理士、公認会計士、中小企業診断士等）への相談費用（※第16回公募要領）を補助対象経費としたりすることができます。

　また、IT導入補助金とは、会計ソフト、受発注システム、レジ、PCの導入費用などITの導入に関わる支援が受けられる補助金であり、インボイス制度に対応するための設備投資などに利用できます（詳細は32ページ）。

中小企業と個人事業主の補助金・助成金の基礎知識

補助金の種類②
事業承継・引継ぎ補助金（2025年からは事業承継・M&A補助金）

事業承継やM&Aに活用できる事業承継・引継ぎ補助金について解説します。

◇ 概要

　事業承継・引継ぎ補助金とは、事業承継、M&Aを契機とした経営革新や廃業・再チャレンジを行う、中小企業・小規模事業者を支援する補助金です。例えば、事業承継やM&Aを行ったあとに行う活動（設備投資や新規参入）にかかる費用や、専門家への相談費用等に対する支援が受けられます（サイトURL：https://jsh.go.jp/）。

　事業承継は、日本の中小企業にとって喫緊の課題となっています。中小企業白書によると、事業承継は以下の理由から重要性が高まっています。

①中小企業経営者の高齢化が進行しており、経営者年齢のピークが過去20年間で50代から60〜70代へと大きく上昇している。

②後継者不在の状況が深刻化しており、70代の経営者でも約40％が後継者不在となっている。

　廃業件数が増加しており、その約3割が後継者難を理由としている現状もあります。こうした背景から生まれた補助金といえます。

◇ 対象者

　事業承継、M&Aを契機とした経営革新や廃業・再チャレンジを行う、中小企業・小規模事業者などです。

　また、支援対象となる費用には、①経営革新、②専門家活用、③廃業・再チャレンジの3つの類型があります。

事業承継・引継ぎ補助金の3類型

類型	概要
①経営革新	事業承継・M&A後の経営革新（設備投資・販路開拓等）に係る費用
②専門家活用	M&A時の専門家活用に係る費用（フィナンシャル・アドバイザー（FA）や仲介に係る費用、セカンドオピニオン、表明保証保険料等
③廃業・再チャレンジ	事業承継・M&Aに伴う廃業等に係る費用

出所：中小企業庁「事業承継・引継ぎ補助金」（令和5年12月19日更新）をもとに作成

補助率と対象経費

	経営革新枠	専門家活用枠	廃業・再チャレンジ枠
要件	経営資源引継ぎ型創業や事業承継（親族内承継実施予定者を含む）、M&Aを過去数年以内に行った者、または補助事業期間中に行う予定の者	補助事業期間に経営資源を譲り渡す、または譲り受ける者	事業承継やM&Aの検討・実施等に伴って廃業等を行う者
補助上限	600〜800万円* *一定の賃上げを実施する場合、補助上限を800万円に引上げ	600万円	150万円* *経営革新枠、専門家活用枠と併用申請する場合は、それぞれの補助上限に加算
補助率	1/2・2/3* *中小企業者等のうち、①小規模、②営業利益率の低下（物価高影響等）、③赤字、④再生事業者のいずれかに該当する場合：2/3	買手支援類型：2/3 売手支援類型：1/2・2/3* *①赤字、②営業利益率の低下（物価高影響等）のいずれかに該当する場合：2/3	1/2・2/3* *経営革新枠、専門家活用枠と併用申請する場合は、各事業における事業費の補助率に従う
対象経費	店舗等借入費、設備費、原材料費、産業財産権等関連経費、謝金、旅費、外注費、委託費、広報費	謝金、旅費、外注費、委託費、システム利用料、保険料	廃業支援費、在庫廃棄費、解体費、原状回復費、リースの解約費、移転・移設費用（併用申請の場合のみ）

◆ 申請の流れ

　事業承継・引継ぎ補助金の申請は、以下の手順で進めます。
　①交付申請書の作成：必要事項を記載し、必要書類を添付して申請書を作成します。
　②オンラインでの申請：「jGrants」を通じて、提出締切までに申請を完了させます。
　③審査・採択：事務局および審査委員会が申請書類をもとに審査し、採択の可否を決定します。
　④補助事業の実施：交付決定後、事業を開始し、必要な経費を支出します。
　⑤実績報告・補助金の受領：事業完了後、実績報告書を提出し、事務局の検査を経て補助金を受け取ります。

　専門家活用枠の公募要領（第10次公募）には、「※事務局は審査の結果（交付決定されなかった理由等）に関する問い合わせには、一切応じない」との記載があります。不採択となった場合でも、その理由は公開されていないようです。

　なお、補助金によっては不採択の理由を開示してくれるケースもあります。また、公募回によって対応が異なることもありますので、応募する回の公募要領やホームページを必ず確認しましょう。

中小企業と個人事業主の補助金・助成金の基礎知識 1

06 補助金の種類②事業承継・引継ぎ補助金（2025年からは事業承継・M&A補助金）

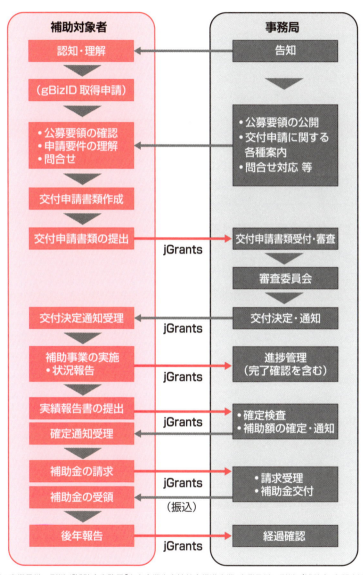

出所：事業承継・引継ぎ補助金事務局「中小企業生産性革命推進事業 事業承継・引継ぎ補助金 専門家活用枠 公募要領」をもとに作成

問合せ先

サイト：https://jsh.go.jp/
経営革新枠：050-3000-3550
廃業・再チャレンジ枠：050-3000-3551
専門家活用枠：050-3145-3812

事業承継・引継ぎ補助金のポイント

・事業承継やM&Aにかかる費用を支援するのが目的の補助金
・経営革新、専門家活用、廃業・再チャレンジの3つの類型がある

◆ 2025年からはこう変わる！

　事業承継・引継ぎ補助金は、2025年からは「事業承継・M&A補助金」という名前に変わります。公募は執筆時点では行われておりませんが、中小企業庁より発表されている情報は「事業承継・引継ぎ補助金の支援枠の概要」のとおりです。

　なお、今年の事業承継・M&A補助金の「PMI推進枠」の**PMI**（Post-Merger Integration）とは、企業が合併または買収（M&A）を行ったあとに、両社の資産、人材、文化、システムなどを統合し、1つの組織として機能させるプロセスを指します。

　PMIは、M&Aの成否を左右する非常に重要な段階であり、効果的な統合を実現するためには、慎重な計画と実行が不可欠です。これを結婚に例えるならば、結婚後に新しい家庭を築く過程に似ています。例えば、両家の家具や家財道具を整理し、新しいルールや生活習慣を作り上げることが挙げられます。どちらの場合も、異なるものを統合し、新しい協力体制を築くことが求められる点で共通しています。

中小企業と個人事業主の補助金・助成金の基礎知識

06 補助金の種類②事業承継・引継ぎ補助金（2025年からは事業承継・M&A補助金）

事業承継・引継ぎ補助金の支援枠の概要

	事業承継促進枠	専門家活用枠	PMI推進枠	廃業・再チャレンジ枠
要件	5年以内に親族内承継または従業員承継を予定している者	補助事業期間に経営資源を譲り渡す、または譲り受ける者	M&Aに伴い経営資源を譲り受ける予定の中小企業等に係るPMIの取り組みを行う者	事業承継やM&Aの検討・実施等に伴って廃業等を行う者
補助上限	800～1,000万円※ ※一定の賃上げを実施する場合、補助上限を1,000万円に引上げ	買い手支援類型：600～800万円※1、2,000万円※2 売り手支援類型：600～800万円※1 ※1：800万円を上限に、DD費用の申請する場合200万円を加算 ※2：100億企業要件を満たす場合	PMI専門家活用類型：150万円 事業統合投資類型：800～1,000万円 ※一定の賃上げを実施する場合、補助上限を1,000万円に引上げ	150万円※ ※事業承継促進枠、専門家活用枠、事業統合投資類型と併用申請する場合は、それぞれの補助上限に
補助率	1/2・2/3※ ※中小企業者等のうち、小規模事業者に該当する場合：2/3	買い手支援類型：1/3・1/2、2/3※1 売り手支援類型：1/2・2/3※2 ※1：100億企業要件を満たす場合：1,000万円以下の部分は1/2、1,000万円超の部分は1/3 ※2：①赤字、②営業利益率の低下（物価高影響等）のいずれかに該当する場合	PMI専門家活用類型：1/2 事業統合投資類型：1/2・2/3※ ※中小企業者等のうち、小規模事業者に該当する場合：2/3	1/2・2/3※ ※事業承継促進枠、専門家活用枠、事業統合投資類型と併用申請する場合は、各事業における事業費の補助率に従う
対象経費	設備費、産業財産権等関連経費、謝金、旅費、外注費、委託費等	謝金、旅費、外注費、委託費、システム利用料、保険料	設備費、外注費、委託費等	廃業支援費、在庫廃棄費、解体費、原状回復費、リースの解約費、移転・移設費用（併用申請の場合のみ）

出所：中小企業庁「事業承継・M&A補助金 令和6年12月時点版」をもとに作成

中小企業と個人事業主の補助金・助成金の基礎知識

補助金の種類③
ものづくり補助金

製品・サービスの開発や設備投資などの費用を支援するものづくり補助金について解説します。

◆ 概要

ものづくり補助金(正式名称：ものづくり・商業・サービス生産性向上促進補助金)は、中小企業や小規模事業者が革新的な製品・サービスの開発や生産プロセスの改善を行うための設備投資、開発費用を支援する制度です(サイトURL：https://portal.monodukuri-hojo.jp/)。

日本では少子高齢化が進み、特に中小企業では人手不足が深刻な課題となっています。そのため、省人化・自動化設備の導入による生産性向上が求められており、ものづくり補助金を活用する企業が増えています。

ものづくり補助金は最大2500万円(第19次製品・サービス高付加価値化枠の場合)など、他の補助金と比較して補助額が大きいため、多くの企業にとって魅力的な支援策となっています。また、補助率も1/2～2/3であるため、設備投資における自己負担を軽減できる点も人気の理由です。

◆ 対象者・申請類型・対象経費等

対象となるのは、中小企業、小規模事業者、特定非営利活動法人、社会福祉法人などです。公募要領に詳細な条件がありますので、該当するかをよく確認しましょう。

ものづくり補助金の基本要件と補助対象経費・支援類型

基本要件	以下を満たす3～5年の事業計画書の策定及び実行 ① 付加価値額 **年平均成長率＋3％以上増加** ② 給与支給総額 **年平均成長率＋1.5％以上増加** ③ 事業場内最低賃金が**地域別最低賃金＋30円以上**	※3～5年の事業計画に基づき事業を実施していただくとともに、毎年、事業化状況報告を提出いただき、事業成果を確認します。また、基本要件等が未達の場合、補助金返還義務があります。
補助対象経費	〈共通〉機械装置・システム構築費（必須）、技術導入費、専門家経費、運搬費、クラウドサービス利用費、原材料費、外注費、知的財産権等関連経費 〈グローバル枠のみ〉海外旅費、通訳・翻訳費、広告宣伝・販売促進費		

支援類型

枠・類型	補助上限額 ※カッコ内は大幅賃上げを行う場合	補助率
省力化 （オーダーメイド）枠	5人以下　750万円(1,000万円) 6～20人　1,500万円(2,000万円) 21～50人　3,000万円(4,000万円) 51～99人　5,000万円(6,500万円) 100人以上　8,000万円(1億円)	中小企業 1/2 小規模 2/3 ※補助金額1,500万円までは1/2もしくは2/3、1,500万円を超える部分は1/3
製品・サービス高付加価値化枠		
通常類型	5人以下　750万円(850万円) 6～20人　1,000万円(1,250万円) 21人以上　1,250万円(2,250万円)	中小企業 1/2 小規模・再生 2/3 新型コロナ回復加速化特例 2/3
成長分野進出類型 　（DX・GX）	5人以下　1,000万円(1,100万円) 6～20人　1,500万円(1,750万円) 21人以上　2,500万円(3,500万円)	2/3
グローバル枠	3,000万円 (3,100万円～4,000万円)	中小企業 1/2 小規模・再生 2/3

➡ **大幅賃上げに係る補助上限額引き上げの特例**：補助事業終了後3～5年で大幅な賃上げに取り組む事業者（給与支給総額 年平均成長率＋6％以上等）に対して、**補助上限額を100万円～2,000万円上乗せ**
（申請枠・類型 従業員規模によって異なる。新型コロナ回復加速化特例適用事業者を除く。）

出所：中小企業庁「ものづくり・商業・サービス生産性向上促進補助金について（Ver.1.1）」をもとに作成

◇ 申請の流れ

ものづくり補助金の申請は、以下の手順で進めます。

①申請書の作成：必要事項を記載し、必要書類を添付して申請書を作成します。

②オンラインでの申請：電子申請を完了させます。

③審査・採択：事務局および審査委員会が申請書類をもとに審査し、採択の可否を決定します。

④補助事業の実施：交付決定後、事業を開始し、必要な経費を支出します。

⑤実績報告・補助金の受領：事業完了後、実績報告書を提出し、事務局の検査を経て補助金を受け取ります。

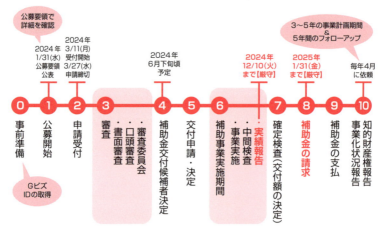

問合せ先

＜ものづくり補助金事務局サポートセンター＞
受付時間：10：00～17：00(土日祝日および12/29～1/3を除く)
電話番号：050-3821-7013
メールアドレス：
公募要領に関するお問い合わせ：kakunin@monohojo.info
電子申請システムの操作に関するお問い合わせ：monodukuri-r1-denshi@ml.nsw.co.jp
※実績報告資料の作成等、個別事業の各種手続きに関しては、ものづくり補助金事務局の各都道府県地域事務局へ

- 設備投資、システム開発が目的の補助金
- 賃上げや付加価値向上が基本要件に盛り込まれている。補助事業実施後、基本要件を満たない時は補助金の返還もあり
- 申請枠や金額は、最新の公募要領で確認
- 汎用的に使えるパソコンなどは経費として申請不可

出所：「ものづくり補助金の第18次公募要領」をもとに作成

◆ 2025年はこう変わる！

　2025年の「ものづくり補助金」では、従来の枠組みが見直され、「製品・サービス高付加価値化枠」と「グローバル枠」の2つに統合されました。また、基本要件として、1人あたりの給与支給総額の年平均成長率が2％以上増加することが求められており、昨年度よりも要件が厳格化されています。さらに、従業員数が21名以上の企業に対しては、**次世代育成支援対策推進法**に基づく一般事業主行動計画の公表が新たに基本要件として追加されています。これらの変更点は、企業の生産性向上と賃上げを促進することを目的としています。

2025年の変更予定箇所

基本要件

中小企業・小規模事業者等が、革新的な製品・サービス開発を行い、
①付加価値額の年平均成長率が＋3.0％以上増加
②1人あたり給与支給総額の年平均成長率が
　事業実施都道府県における最低賃金の直近5年間の年平均成長率以上又は
　給与支給総額の年平均成長率が＋2.0％以上増加
③事業所内最低賃金が事業実施都道府県における最低賃金＋30円以上の水準
④次世代育成支援対策推進法に基づく一般事業主行動計画を公表等（従業員21名以上の場合のみ）
の基本要件を全て満たす3～5年の事業計画に取り組むこと。
※最低賃金引上げ特例適用事業者の場合、基本要件は①、②、④のみとします。

※3～5年の事業計画に基づき事業を実施していただくとともに、毎年、事業化状況報告を提出いただき、事業成果を確認します。
※基本要件等が未達の場合、補助金返還義務があります。

	製品・サービス高付加価値化枠	グローバル枠
要件	革新的な新製品・新サービスの開発による高付加価値化	海外事業の実施による国内の生産性向上
補助上限	750万円～2,500万円	3,000万円
補助率	中小企業1/2、小規模・再生2/3	中小企業1/2、小規模2/3
補助対象経費	＜共通＞機械装置・システム構築費（必須）、技術導入費、専門家経費、運搬費、クラウドサービス利用費、原材料費、外注費、知的財産権等関連経費 ＜グローバル枠のみ＞海外旅費、通訳・翻訳費、広告宣伝・販売促進費	
その他	収益納付は求めません。	

中小企業と個人事業主の補助金・助成金の基礎知識

補助金の種類④ IT導入補助金

ITツールの導入費用などに活用できる「IT導入補助金」について解説します。

◆ 概要

　近年、企業の競争力強化や生産性向上を目的とした**デジタルトランスフォーメーション(DX)**が注目されています。業務の効率化や顧客対応の向上を図るためには、最新のITツールの導入が不可欠です。しかし、ソフトウェアやクラウドサービスの導入には一定のコストがかかるため、中小企業や小規模事業者にとってはハードルが高いのも事実です。

　そうした課題を解決するために活用できるのが**IT導入補助金**です。本補助金を活用することで、業務プロセスをデジタル化し、生産性向上を図ることが可能になります。

　IT導入補助金は、中小企業や小規模事業者がDX化や業務効率化を推進するために、ソフトウェアやクラウドサービスなどのITツールを導入する際に利用できる補助金です。補助金を申請する際には、IT導入支援事業者と共同で申請する必要があります。

　補助金の活用により、導入費用の一部が補助されるため、企業にとっては初期投資を抑えながらIT環境の整備が可能となります。特に、業務の効率化やデータ活用の促進に役立つツールを導入することで、企業の成長を後押しする効果が期待できます。

IT導入補助金の仕組み

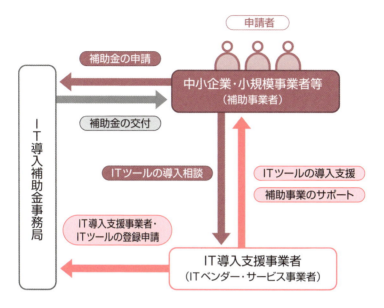

出所：IT導入補助金2025ウェブサイトをもとに作成

◇ 対象者・対象費用・活用例

　IT導入補助金の対象者は、中小企業と小規模事業者の区分があり、それぞれ業種分類別に資本金または従業員数に関する要件が設けられています。例えば、製造業（ゴム製品製造業を除く）の中小企業であれば「資本金3億円以下または従業員300人以下」といった形です。詳しくは、IT導入補助金の公式サイトを参照ください（サイトURL：https://itshien.smrj.go.jp/applicant/subsidy/）。なお、自社が補助金の対象となるかどうかは、サイト内にある**申請対象者チェッカー**で確認することもできます。

　また、IT導入補助金の対象費用には以下のようなものがあります。
・ITツールの導入費用（ソフトウェア、クラウドサービスなど）
・ハードウェア（PC、タブレットなど）※インボイス対応類型の場合
・ITツールの導入に伴うコンサルティング費用
・セキュリティ対策ツールの導入費用

活用例としては、以下のようなケースが考えられます。
- 業務効率化：経理や人事管理のためのクラウド型会計・給与ソフトの導入
- 営業支援：CRM（顧客管理システム）を導入し、営業活動の効率化
- 在庫管理：クラウドベースの在庫管理システムを導入し、在庫最適化を実現
- サイバーセキュリティ強化：**サイバーセキュリティお助け隊**の導入によるセキュリティ対策

「サイバーセキュリティお助け隊」とは、中小企業のサイバーセキュリティ対策に必要となるサービスをワンパッケージで安価に提供するサービスです（サイトURL：https://www.ipa.go.jp/security/sme/otasuketai/index.html）。IT導入補助金2025では、「セキュリティ対策推進枠」にて、本サービスの導入経費を支援しています。

申請枠の種類

※青字は令和6年度補正予算での拡充点

	通常枠	複数社連携IT導入枠	インボイス枠 インボイス対応類型	インボイス枠 電子取引類型	セキュリティ対策推進枠
活用イメージ	ITツールを導入して、業務効率化やDXを推進	商店街など、複数の中小・小規模事業者で連携してITツール等を導入	ITツール等を導入し、インボイス制度に対応	発注者主導でITツールを受注者に共有し、取引先のインボイス対応を促す	サイバーセキュリティ対策を進める
対象経費	ソフトウェア購入費、クラウド利用料（最大2年分） 導入関連費（保守運用やマニュアル作成等のサポート費用に加えて、IT活用の定着を促す導入後の活用支援も対象化） 単独申請可能なツールの拡大	ハードウェア購入費		クラウド利用料（最大2年分）	サイバーセキュリティお助け隊サービス利用料（最大2年分）
補助上限	ITツールの業務プロセスが 1〜3つまで：5万円〜150万円 4つ以上：150万円〜450万円	(a)インボイス枠対象経費：同右 (b)消費動向等分析経費：50万円×グループ構成員数 (a)＋(b)合わせて3,000万まで (c)事務費・専門家費：200万円	ITツール： 1機能：〜50万円 2機能以上：〜350万円 PC・タブレット等：〜10万円 レジ・券売機等：〜20万円	〜350万円	5万〜150万円
補助率	中小企業：1/2 最低賃金近傍の事業者：2/3 （3か月以上地域別最低賃金＋50円以内で雇用している従業員が全従業員の30％以上であることを示した事業者）	(a)インボイス枠対象経費：同右 (b)・(c)：2/3	〜50万円以下：3/4 小規模事業者：4/5 50万円〜350万円：2/3 ハードウェア購入費：1/2	中小企業：2/3 大企業：1/2	中小企業：1/2 小規模事業者：2/3

出所：経済産業省 関東経済産業局「サービス等生産性向上IT導入支援事業『IT導入補助金2025』の概要」をもとに作成

◆ 申請の流れ

IT導入補助金の申請の流れは以下のとおりです。

①IT導入支援事業者と連携
補助金の申請は、IT導入支援事業者と共同で行う必要があります。

②SECURITY ACTION宣言（必須）
・IT導入補助金2025では、後述のSECURITY ACTION宣言が申請要件となっています。
・企業は「一つ星」または「二つ星」のいずれかを選択し、情報セキュリティ対策に取り組むことを宣言します。

③交付申請
IT導入補助金の公式サイトから申請手続きを行います。

④審査・採択
申請内容をもとに審査が行われ、採択結果が通知されます。

⑤補助対象ITツールの導入
交付決定後、対象となるITツールを導入し、必要な報告書を提出します。

IT導入補助金2025で申請要件となっているSECURITY ACTIONとは中小企業自らが情報セキュリティ対策に取り組むことを自己宣言する制度です。セキュリティ対策の段階に応じて、一つ星か二つ星のいずれかを選んで宣言します。SECURITY ACTION宣言の詳細はホームページから確認できます（サイトURL：https://www.ipa.go.jp/security/security-action/it-hojo.html）。

また、中小企業におけるセキュリティ対策については、東京産業労働局の「サイバーセキュリティ対策の極意」が参考となります（サイトURL：https://www.cybersecurity.metro.tokyo.lg.jp/）。

◆ 2025年はこう変わる！

　セキュリティ対策推進枠において、補助額の上限が100万円から150万円に引き上げられ、小規模事業者に対する補助率も1/2から2/3に拡大されました。これにより、小規模事業者のセキュリティ対策がより手厚く支援されます。また、ITツールの保守サポートやマニュアル作成等の費用に加え、導入後の活用支援も新たに補助対象に追加されました。これにより、ITツールの効果的な活用が促進されます。下記は2025年の公募予定になります。

①IT導入支援事業者の登録申請：2025年3月31日(月)から受付開始
②ITツール(ソフトウェア、サービス等)の登録申請：2025年3月31日(月)から受付開始
③交付申請期間：2025年3月31日(月)から受付開始
④第1次締切日程：
　・通常枠：2025年5月12日(月)予定
　・インボイス枠：2025年5月12日(月)予定
　・セキュリティ対策推進枠：2025年5月12日(月)予定
　・複数者連携IT導入枠：2025年6月16日(月)予定
⑤第1次交付決定日：2025年6月18日(水)予定(複数者連携IT導入枠以外)
　複数者連携IT導入枠は2025年7月24日(木)予定

IT導入補助金のポイント

・IT導入支援事業者として連携して申請する
・1年に何回も公募がある
・インボイス対応類型だと、ITツール以外にもPCも対象となる

問合せ先

事務局電話番号：0570-666-376
IP電話等からのお問い合わせ：050-3133-3272

中小企業と個人事業主の補助金・助成金の基礎知識

補助金の種類⑤
新事業進出補助金

新規事業の立ち上げや拡大を支援する「新事業進出補助金」について解説します。

◆ 概要

　令和7年に**新事業進出補助金**の新設が予定されています。新事業進出補助金は、企業が新たな分野への進出を果たし、競争力を強化するための資金支援制度です。既存の事業を基盤にしつつ、新規市場の開拓や革新的なサービス・製品の開発を行う企業に対し、一定額の補助が行われます。

　補助金の主な対象となる事業例は以下のとおりです。
・新規事業の立ち上げ：未開拓分野への参入、新しいビジネスモデルの導入
・技術開発・イノベーションの推進：新技術の開発、既存技術の高度化
・設備投資・生産性向上：工場の新設、機械設備の導入、DX（デジタル・トランスフォーメーション）の推進

　中小企業庁が公表している補助金の活用イメージによると、下記のとおり「～を活かして」と明記されていることから、新事業に取り組む際には、既存事業の強みやノウハウを活かした取り組みに対して補助金が活用されることが想定されています。

> ・機械加工業でのノウハウを活かして、新たに半導体製造装置部品の製造に挑戦
> ・医療機器製造の技術を活かして蒸留所を建設し、ウイスキー製造業に進出

出所：中小企業庁「中小企業新事業進出補助金」パンフレットより抜粋

　また、ものづくり補助金など他の補助金と異なり、本制度では建物費や構築物費も対象経費に含まれるため、大規模な改修にも活用が可能です。

新事業進出補助金の概要

項目	内容
補助対象者	企業の成長・拡大に向けた新規事業への挑戦を行う中小企業等
補助上限額	従業員数20人以下 2,500万円（3,000万円） 従業員数21～50人 4,000万円（5,000万円） 従業員数51～100人 5,500万円（7,000万円） 従業員数101人以上 7,000万円（9,000万円） ※補助下限 750万円 ※大幅賃上げ特例適用事業者（事業終了時点で①事業場内最低賃金＋50円、②給与支給総額＋6％を達成）の場合、補助上限額を上乗せ。（上記カッコ内の金額は特例適用後の上限額。）
補助率	1/2
基本要件	中小企業等が、企業の成長・拡大に向けた新規事業（※）への挑戦を行い、 （※事業者にとって新製品（又は新サービス）を新規顧客に提供する新たな挑戦であること） ①付加価値額の年平均成長率が＋4.0％以上増加 ②1人あたり給与支給総額の年平均成長率が、事業実施都道府県における最低賃金の直近5年間の年平均成長率以上、又は給与支給総額の年平均成長率＋2.5％以上増加 ③事業所内最低賃金が事業実施都道府県における地域別最低賃金＋30円以上の水準 ④次世代育成支援対策推進法に基づく一般事業主行動計画を公表等の基本要件を全て満たす3～5年の事業計画に取り組むこと。
補助事業期間	交付決定日から14か月以内（ただし採択発表日から16か月以内）
補助対象経費	建物費、構築物費、機械装置・システム構築費、技術導入費、専門家経費、運搬費、クラウドサービス利用費、外注費、知的財産権等関連経費、広告宣伝・販売促進費
その他	・収益納付は求めません。 ・基本要件②、③が未達の場合、未達成率に応じて補助金返還を求めます。ただし、付加価値が増加してないかつ企業全体として営業利益が赤字の場合や、天災など事業者の責めに帰さない理由がある場合は返還を免除します。

出所：中小企業庁「中小企業新事業進出補助金」パンフレットをもとに作成

◇ 申請の流れ

新規事業進出補助金の申請は、以下の手順で進めます。

①申請書の作成：必要事項を記載し、必要書類を添付して申請書を作成します。

②オンラインでの申請：「jGrants」を通じて、提出締切までに申請を完了

させます。
③審査・採択：事務局および審査委員会が申請書類をもとに審査し、採択の可否を決定します。
④補助事業の実施：交付決定後、事業を開始し、必要な経費を支出します。
⑤実績報告・補助金の受領：事業完了後、実績報告書を提出し、事務局の検査を経て補助金を受け取ります。

新事業進出補助金の手続きの流れ

事前準備	公募開始〜交付候補者決定			交付決定〜補助事業実施					補助事業終了後	
〜令和7年5月	令和7年5月	令和7年6月	令和7年8月							
「売上高100億円を目指す宣言※」「GビズIDプライムアカウント取得※」	申請受付開始	公募締切	審査	交付候補者決定	交付申請・交付決定	補助事業開始	補助額の確定	補助金の請求	補助金の支払い	知的財産等報告 事業化状況報告

出所：中小企業庁「中小企業新事業進出補助金」パンフレットをもとに作成

　なお、本補助金の申請受付は令和7年5月頃に開始される予定です。正式な募集要項や詳細なスケジュールについては、今後発表される情報を随時確認する必要があります。

新事業進出補助金のポイント

・補助下限が750万円と、比較的大規模な投資を伴う事業向けの補助金
・資金調達の負担軽減、積極的な投資など、戦略的な事業拡大に活用できる

新事業進出補助金は、最低補助額が750万円と高額であり、建物費や構築物費にも活用できる点から、比較的大規模な設備投資や拠点整備に適した補助金制度です。新たに事業を立ち上げる際や、大きな設備導入を伴う展開を検討している企業にとっては、有力な選択肢となるでしょう。

　ただし、本補助金の補助率は2分の1とされており、補助対象経費のうち半額は自己負担となります。そのため、申請の際には資金計画の綿密な検討が求められます。一方で、補助事業によって得られた利益に対して、国への収益納付が不要である点は、大きなメリットです。つまり、補助金の活用によって利益が生じた場合でも、その一部を返還する義務がないため、事業者にとっては実質的な自由度の高い支援といえます。

　しかしながら、申請要件には注意が必要です。たとえば、付加価値額(＝営業利益・人件費・減価償却費の合計)の年平均成長率が4％以上、および給与支給総額が2.5％以上増加することが求められており、一定の事業成長を実現できる計画性や実行力が求められます。これらの基本要件は比較的ハードルが高いため、事前に十分な準備と検証が必要です。

COLUMN　さようなら事業再構築補助金

　事業再構築補助金は2025年3月をもって新規応募は終了となります。

　事業再構築補助金は、ウィズコロナ・ポストコロナ時代の経済環境の変化に対応するために、中小企業等の新分野展開、業態転換、業種転換等の思い切った事業再構築の挑戦を支援する補助金です。コロナ禍に申請したことのある事業者の方も多いのではないでしょうか。事業再構築補助金のホームページによると、2024年3月で新規応募は終了となります。筆者自身も、中小企業診断士として初めてご支援させていただいたのが事業再構築補助金ですので、終了は感慨深いものがあります。

　新事業進出補助金は、事業再構築補助金に代わる制度ともいわれています。しかし、現時点では公募要領が公表されておらず、その詳細は不明です。補助金制度は時代の変化に応じて進化していく可能性があるため、最新情報を注視する必要があります。

中小企業と個人事業主の補助金・助成金の基礎知識

補助金の種類⑥ 中小企業省力化投資補助金

中小企業の生産性向上を目的とした設備投資を支援する「中小企業省力化投資補助金」について解説します。

◇ 概要

中小企業省力化投資補助金(以下、省略化投資補助金)は中小企業の生産性向上を支援するために、労働力不足の解消や業務の自動化・省人化を目的とした設備投資を補助する制度です。

特に、人手不足が深刻な業界や、労働生産性を向上させたい企業を対象に、機械やシステムの導入費用の一部を国が補助します。あらかじめ登録された機器を選択する**カタログ注文型**と、オーダーメイド設備を導入するための**一般型**があります(サイトURL:https://shoryokuka.smrj.go.jp/)。

◇ カタログ注文型

カタログ注文型とは、あらかじめ登録された機器やシステムの中から選択し、補助金の申請を行う方式です。主に、中小企業が新しい設備を導入する際に、手続きの簡略化や迅速な補助金の適用を目的としています。特徴は以下のとおりです。

①登録済みの機器を選択可能

事前に国や関係機関が認定した機器・システムのリスト(カタログ)から選択するため、審査がスムーズになります。また、販売業者と協力して申請を進めるため、事業者自身が個別に設計・見積もりを行う手間を省けます。

②導入後の効果が比較的明確

すでに市場に流通し、一定の実績がある機器を使用するため、導入後の効果(生産性向上やコスト削減)が予測しやすいというメリットがあります。

③主な対象機器
- 生産工程の自動化機器（ロボットアーム、AIカメラ、無人搬送車など）
- 省エネ・効率化を目的とした機器（エネルギー管理システム、IoT連携機器など）
- 店舗・サービス業向けの業務効率化システム（自動会計システム、無人受付機など）

◆ 一般型

　一般型とは、企業が個別のニーズに応じたオーダーメイドの設備やシステムを導入するために申請する方式です。カタログ注文型と異なり、事業者自身が計画を立案し、要件を満たすことを証明する必要があります。特徴は以下のとおりです。

①自由度の高い導入が可能
　企業の業種・業態、課題に応じて、独自に設備やシステムを設計・導入できるため、より柔軟な生産性向上策を実施可能です。例えば、特定の工程に特化した機械や、独自開発のITシステムなども補助対象となりえます。

②導入効果の不確実性がある
　カタログ注文型のように、すでに実績がある機器を選ぶのではなく、新しい技術や企業独自のシステムを採用するため、導入後の効果が予測しにくいというリスクがあります。そのため、事前に十分な検討を行い、費用対効果をしっかりと見積もることが重要です。

③主な対象事業
- 既存設備の自動化・省人化に向けたシステム構築
- 特定の工程に特化した専用機械の導入
- 業務効率化を図るための独自ソフトウェアの開発・導入

◇ 対象・基本要件

　補助対象は、一般的な中小企業のほか、収益事業を行うNPO法人と社会福祉法人も一部対象になります。
　基本要件は労働生産性を年率3％以上向上することです。労働生産性の向上目標については、下記のように定められています。

　本事業において交付申請を行う中小企業等は、補助事業終了後3年間で毎年、申請時と比較して労働生産性を年平均成長率（CAGR）3.0％以上向上させる事業計画を策定し、採択を受けた場合はそれに取り組まなければならない。なお、労働生産性は、以下のように定義するものとする。式中の各値は、報告を行う時点で期末を迎えている直近の事業年度の値を用いるものとする。
（付加価値額）＝（営業利益）＋（人件費）＋（減価償却費）
（労働生産性）＝（付加価値額）÷（従業員数）
（労働生産性の年平均成長率）＝
[{（効果報告時の労働生産性）÷（交付申請時の労働生産性）}^(効果報告回数※)
－1－1]×100％
※当該報告を含める。つまり、過去に効果報告を行った回数に1を加えた値となる。

出所：独立行政法人中小企業基盤整備機構「中小企業省力化投資補助事業」公募要領

カタログ注文型の補助率・補助上限額

従業員数	補助率	補助上限額（大幅な賃上げを行う場合）
5人以下	1/2以下	200万円（300万円）
6～20人以下	1/2以下	500万円（750万円）
21人以上	1/2以下	1,000万円（1,500万円）

※大幅な賃上げとは、(a)事業場内最低賃金を45円以上増加させること、(b)給与支給総額を6％以上増加させることの双方を補助事業期間終了時点で達成する見込みの事業計画を策定した事業者
出所：独立行政法人中小企業基盤整備機構「中小企業省力化投資補助事業」公募要領

◆ 収益納付

　省力化投資補助金には、**収益納付**という仕組みが存在します。中小企業の様々な経営課題を支援するために交付される、原則"返済不要"のお金です。しかし、補助金を活用して実施した事業が予想以上に成功し、大きな利益を生んだ場合には、その利益の一部を国に返納しなければならないというルールが存在します。このルールを「収益納付」といいます。

　収益納付では、補助金を受けて行った事業で一定の利益が発生した際に、補助金の交付額の一部を国に返納します。この仕組みは、公共の資金で支援を受けた事業が事業者の利益に直結した場合、その利益の一部を納付することで、公的資金の適正な運用を確保することを目的としています。つまり、補助金を使って事業を成功させた企業が、その成果を独占するのではなく、一部を社会に還元する形となるのです。

　収益納付が適用されるかどうかは、事業の収益状況によって決まります。具体的には、補助事業の対象期間内に発生した収益が一定の基準を超えた場合に納付義務が生じます。ただし、以下のような場合には納付が免除される可能性があります。

・事業の対象期間内に十分な利益が生じなかった場合
・事業化状況報告書の審査結果により、納付が不要と判断された場合

　このように、必ずしもすべての補助事業が収益納付の対象となるわけではなく、利益の発生状況や報告内容によって扱いが異なる点に注意が必要です。

　補助金を活用することで企業の成長が加速する一方で、収益納付の仕組みを理解しておかないと、思わぬ負担が生じる可能性もあります。補助金を活用する際には、事前に公募要領や関連規定をよく確認し、必要な報告や手続きを適切に行うようにしましょう。

中小企業と個人事業主の補助金・助成金の基礎知識

補助金の種類⑦
中小企業成長加速化補助金

売上高100億円を目指す中小企業を支援する「中小企業成長加速化補助金」について解説します。

◇ 概要

　令和7年度の予算において、**中小企業成長加速化補助金**が新たに設けられることが予定されています。この補助金は、成長志向の中小企業が売上高100億円を目指すことを支援するためのものであり、対象となる企業は特定の条件を満たすことで補助金を受け取ることができます。

　申請するためには、企業が「売上高100億円目指す宣言」を指定のポータルサイト上で行う必要があります。この宣言を行うことにより、補助金の申請資格を得ることができます。

　具体的な補助内容としては、企業が行う1億円以上の投資に対して、補助率2分の1で支援が行われます。これにより、成長を加速させるための資金調達が容易になり、新規事業の展開や設備投資、DX（デジタル・トランスフォーメーション）推進などに活用することが可能です。

中小企業成長加速化補助金の補助事業概要

項目	内容
補助対象者	売上高100億円への飛躍的成長を目指す中小企業
補助上限額	5億円（補助率1/2）
補助事業実施期間	交付決定日から24か月以内
補助事業の要件	①投資額1億円以上（専門家経費・外注費を除く補助対象経費分） ②「売上高100億円を目指す宣言」を行っていること ③その他、賃上げ要件など
補助対象経費	建物費、機械装置等費、ソフトウェア費、外注費、専門家経費

出所：中小企業庁「中小企業成長加速化補助金」（令和6年12月26日更新）

◆ 中小企業成長加速化補助金の申請の流れ

補助金の申請は、以下の流れで行われる予定です。

① 「売上高100億円目指す宣言」の登録
　指定のポータルサイトにアクセスし、企業の成長計画を宣言します。
② 申請書類の提出
　企業の事業計画書、財務状況を示す資料など書類を提出します。
③ 審査・採択
　提出された書類に基づいて審査が行われ、補助金の交付対象企業が決定されます。
④ 補助金の交付と事業の実施
　採択された企業は、計画通りの投資を行い、その後補助金の交付を受けることができます。

中小企業成長加速化補助金の申請手続き

事前準備	公募開始〜交付候補者決定	交付決定〜補助事業実施	補助事業終了後
新規事業の検討／計画の策定	公募受付開始／申請受付開始／公募締切／審査／交付候補者決定	交付申請・決定／補助事業開始／補助額の確定／確定検査／補助金の請求／補助金の支払い	知的財産等報告／事業化状況報告

出所：中小企業庁「中小企業成長加速化補助金」パンフレットをもとに作成

12 補助金の種類⑧ 成長型中小企業等研究開発支援事業（Go-Tech事業）

中小企業が大学・公設試等と連携して行う研究開発等を支援する「成長型中小企業等研究開発支援事業（Go-Tech事業）」について解説します。

◇ 概要

令和7年度に予定されている**成長型中小企業等研究開発支援事業（Go-Tech事業）**は、中小企業の技術革新や研究開発を促進するための公的支援制度です。本事業では、中小企業が大学や公設試験研究機関（公設試）と連携し、先進的な技術の研究開発を行うことを支援します。これにより、技術力の強化や新規事業の創出を図り、国内産業の競争力向上につなげることを目的としています。

◇ 事業スキーム

Go-Tech事業は、以下のような仕組みで運営されます。

①補助対象

本事業の対象となるのは、中小企業が大学や公設試験研究機関と協力して行う研究開発活動です。これにより、企業単独では難しい高度な技術開発を、専門的な知見を持つ研究機関と共同で推進することが可能になります。

②補助額

研究開発の規模に応じて、以下の補助金が交付されます。
- 通常枠：単年度あたり最大4500万円（3年間の総額：最大9750万円）
- 出資獲得枠：単年度あたり最大1億円（3年間の総額：最大3億円）
  ※ただし、補助上限額はファンド等が出資を予定している金額の2倍を上限

③補助率

事業にかかる経費のうち、中小企業の負担を軽減するため、補助率は2/3

以内に設定されています。これにより、企業側は研究開発のリスクを抑えながら、新たな技術革新に挑戦できる環境を整えることができます。

④補助期間

研究開発プロジェクトの期間は2〜3年とされており、継続的かつ実用化を見据えた研究活動が求められます。

Go-Tech事業は、中小企業が技術力を高めるための大きな支援となる制度です。特に、大学や公設試と連携することで、研究成果を実用化しやすくなり、事業の拡大や新市場への参入が期待できます。今後の公募情報に注目し、自社の技術開発計画と照らし合わせながら、積極的に活用を検討するとよいでしょう。詳細な情報は、公式サイトをご参照ください(https://www.chusho.meti.go.jp/support/innovation/2025/250109kobo.html)。また、問合せ先は、主たる研究開発等の研究実施場所の都道府県を所管する経済産業局等となります。

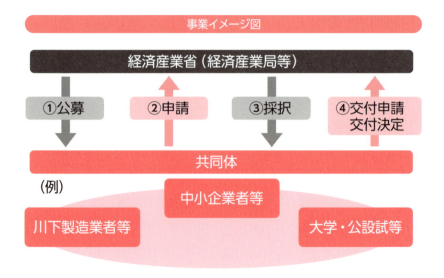

出所：中小企業庁「令和7年度予算「成長型中小企業等研究開発支援事業」(Go-Tech事業)の公募に関する事前予告を行います」

13 助成金の種類①
人材開発支援助成金

中小企業と個人事業主の補助金・助成金の基礎知識

ここからは助成金の種類について見ていきます。まずは、職業訓練等を計画的に行うことを支援する「人材開発支援助成金」について解説します。

◇ 概要

　人材開発支援助成金は計画に基づいて行う職業訓練等を支援する制度で、「人を育てる」ために活用できます。現代の企業経営において、人材の育成は非常に重要な課題の1つです。特に、技術の進化や市場環境の変化に対応するためには、社員が継続的に学び、スキルを向上させることが求められます。このような企業が従業員の能力開発を支援するための制度として、人材開発支援助成金が用意されています。この助成金を活用することで、企業は経済的な負担を軽減しながら、効果的な研修を実施することができます。

◇ 人材開発支援助成金の各コース

　人材開発支援助成金には、企業のニーズに応じて選択できる複数のコースが用意されています。

①人材育成支援コース

　職務に関連した知識や技能を従業員に習得させるための訓練に対して助成が行われます。例えば、業務の専門知識を高めるための講座や、特定のスキルを習得するための研修が対象となります。

②教育訓練休暇等付与コース

　企業が有給の教育訓練制度を導入し、従業員がその制度を利用して訓練を受けた場合に助成が行われます。この制度を活用することで、従業員は安心してスキルアップのための学習を行うことができ、企業にとっても高度な知識を持つ人材の育成につながります。

③人への投資促進コース

デジタル技術に関する研修や、サブスクリプション型のオンライン研修を実施した場合に助成が受けられるコースです。近年、デジタル化が進む中で、ITスキルやデータ分析能力の向上が求められています。このコースはこうした企業のデジタルトランスフォーメーション(DX)を支援するためのものです。

④事業展開等リスキリング支援コース

新規事業の立ち上げや業態転換など、企業の事業展開に伴い新たな知識や技能を習得する訓練を実施した場合に助成が行われます。例えば、新しい市場への進出に伴い、営業手法や商品知識の研修を行うケースなどが該当します。

◆人材育成支援コースの助成例

図表のとおり、企業が従業員に対して研修を実施する際、訓練期間中の賃金や研修にかかる経費が助成されます。なお、**OFF-JT**(Off-the-Job Training)とは、企業外で実施される研修(外部講師による講義、セミナーなど)、**OJT**(On-the-Job Training)とは、事業場内での実務を通じた訓練(先輩社員による指導、実務研修など)を指します。

これらの研修を通じて、従業員のスキルアップを図ることができ、企業にとってもより優秀な人材の育成につながります。

また、助成金の申請を検討する場合、各都道府県の労働局に問い合わせることで詳細な情報を得ることができます。問合せ先は、厚生労働省サイト(https://www.mhlw.go.jp/stf/seisakunitsuite/bunya/koyou_roudou/koyou/kyufukin/toiawase2.html)に掲載されている各都道府県の労働局となります。この助成金を有効に活用し、企業の成長と従業員のキャリアアップを同時に実現しましょう。

人材開発支援助成金のコース

コース	概要
人材育成支援コース	職務に関連した知識・技能を習得させるための訓練に対して、助成
教育訓練休暇等付与コース	有給教育訓練等の制度を導入して、労働者が訓練を受けた場合に助成
人への投資促進コース	デジタル人材、サブスクリプション型訓練を実施した場合に助成
事業展開等リスキリング支援コース	新規事業の立ち上げなどの事業展開に伴い、新たな知識や技能を習得する訓練を実施した場合に助成

人材育成支援コースの助成例

支給対象となる訓練等			賃金助成額 (1人1時間当たり)	賃金要件等を満たす場合[6]	経費助成率	賃金要件等を満たす場合[6]	OJT実施助成額 (1人1コース当たり)	賃金要件等を満たす場合[6]
人材育成支援コース	人材育成訓練	OFF-JT	760円 (380円)	960円 (480円)	45%(30%)[1] 60%[2] 70%[3]	60%(45%)[1] 75%[2] 100%[3]	-	-
	認定実習併用職業訓練	OFF-JT	760円 (380円)	960円 (480円)	45%(30%)	60%(45%)	-	-
		OJT	-	-	-	-	20万円 (11万円)	25万円 (14万円)
	有期実習型訓練	OFF-JT	760円 (380円)	960円 (480円)	60%[2] 70%[3]	75%[2] 100%[3]	-	-
		OJT	-	-	-	-	10万円 (9万円)	13万円 (12万円)

出所：厚生労働省「人材開発支援助成金（人材育成支援コース）のご案内」をもとに作成

14 助成金の種類②　キャリアアップ助成金

中小企業と個人事業主の補助金・助成金の基礎知識

非正規雇用労働者へのキャリアアップ促進に活用できる「キャリアアップ助成金」について説明します。

◆ 概要

　キャリアアップ助成金は、企業が非正規雇用労働者のキャリアアップを促進するための支援制度です。有期雇用労働者や短時間労働者、派遣労働者といった非正規雇用の労働者に対し、企業が正社員化や処遇改善の取り組みを行った場合、その企業に助成金が支給されます。これは、企業が人材育成に積極的に取り組むことを促し、労働者の雇用安定やスキル向上を図る目的で設けられています。

◆ 対象となる労働者

　キャリアアップ助成金の対象となるのは、以下のような非正規雇用の労働者です。
・有期雇用労働者（契約社員・アルバイト・パートなど）
・短時間労働者（週の所定労働時間が正社員より短い労働者）
・派遣労働者（派遣会社を通じて働く労働者）
　これらの労働者に対して、企業が適切なキャリアアップ施策を実施し、正社員化や賃金の引上げ、スキルアップ研修の実施などを行った場合、助成金を受け取ることができます。

キャリアアップ助成金のコース

正社員化支援	正社員化コース	有期雇用労働者等を正社員化
	障害者正社員化コース	障害のある有期雇用労働者等を正規雇用労働者等に転換
処遇改善支援	賃金規定等改定コース	有期雇用労働者等の基本給の賃金規定等を改定し3％以上増額
	賃金規定等共通化コース	有期雇用労働者等と正規雇用労働者との共通の賃金規定等を新たに規定・適用
	賞与・退職金制度導入コース	有期雇用労働者等を対象に賞与または退職金制度を導入し支給または積立てを実施
	社会保険適用時処遇改善コース（令和8年3月31日まで）	有期雇用労働者等を新たに社会保険に適用させるとともに、収入を増加させる（手当支給・賃上げ・労働時間延長）または、週所定労働時間を延長し、社会保険に適用させる

出所：厚生労働省サイト

助成内容の例

正社員化前雇用形態／企業規模	有期雇用労働者	無期雇用労働者
中小企業	80万円（40万円×2期）	40万円（20万円×2期）
大企業	60万円（30万円×2期）	30万円（15万円×2期）

※加算額あり。

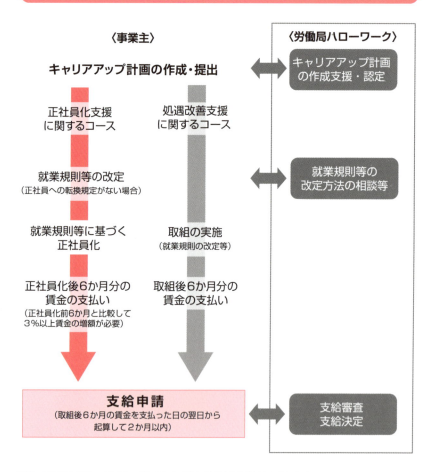

出所：厚生労働省「キャリアアップ助成金のご案内（令和6年度版）」をもとに作成

◆ 助成金を活用するメリット

　企業がキャリアアップ助成金を活用することで、以下のようなメリットがあります。

①人材確保の強化
　非正規雇用の労働者に対するキャリアアップ支援を行うことで、優秀な人材を確保しやすくなります。特に、労働市場において人材不足が問題となっている現代において、安定した雇用環境を提供できることは企業の競争力向上につながります。

②従業員のモチベーション向上
　賃金の引上げや研修の実施により、労働者のスキルアップを支援することで、職場への満足度が向上し、定着率の向上につながります。

③企業イメージの向上
　キャリアアップ助成金を活用して非正規雇用者の処遇改善に取り組む姿勢は、社会的責任を果たしている企業としての評価につながります。これにより、求職者や取引先、地域社会からの信頼を得やすくなり、結果として企業ブランドの向上や新たなビジネスチャンスの獲得にも寄与します。

　キャリアアップ助成金の利用に関する問合せ先は、自社の管轄の都道府県労働局またはハローワークになります。

中小企業と個人事業主の補助金・助成金の基礎知識

助成金の種類③業務改善助成金

最低賃金の引上げを条件として設備投資や人材育成等に活用できる「業務改善助成金」について解説します。

◇ 概要

　業務改善助成金とは、企業の生産性向上を目的として、設備投資やコンサルティングの導入、人材育成・教育訓練を実施し、かつ事業場内の最低賃金を一定額以上引き上げた場合に、その費用の一部を助成する制度です。事業場とは、労働者が労働を行う場所や拠点のことを指します。本助成金を活用することで、企業は従業員の賃金を向上させながら、業務の効率化や競争力の強化を図ることができます。

◇ 対象者と申請の単位

　この助成金の対象となるのは、事業場内の最低賃金を一定額以上引き上げようとしている中小企業や小規模事業者です。具体的には下記の要件を満たすことが求められます。
・中小企業・小規模事業者であること(図表参照)
・事業場内最低賃金と地域別最低賃金の差額が50円以内であること
・解雇、賃金引き下げなどの不交付事由がないこと
　申請は、事業場単位で行う必要があり、企業全体ではなく、個々の事業場ごとに審査が行われます。そのため、同一企業内に複数の事業場が存在する場合、それぞれの事業場ごとに申請を行うことが可能です。
　助成金を受けるためには、生産性向上に資する取り組みを行うことが求められます。具体的には、以下のような取り組みが対象となります。

①機械設備の導入

　事業の効率化を図るための機械や設備の購入・設置。例えば、自動化機器や省力化機械の導入などが該当します。

②コンサルティングの導入

　業務改善のために専門家のコンサルティングを受けることも助成の対象と

なります。業務フローの見直しや、経営戦略の改善を目的としたアドバイスを受けることで、企業の競争力を高めることができます。

③人材育成・教育訓練

従業員のスキルアップを目的とした研修や教育訓練の実施も対象となります。新しい技術の習得や業務効率化のためのトレーニングなどが助成の対象となります。

◆ 助成額と助成率

助成額や助成率は、企業の規模や生産性向上の内容によって異なります。具体的な上限額については、申請時に確認する必要があります。また、特例事業者に該当する場合、助成対象が拡大されることもあります。特例事業者とは、物価高騰の影響を受けている企業や、一定の賃金要件を満たす企業のことを指し、これらに該当する場合は、通常よりも手厚い支援を受けることが可能です。

中小企業・小規模事業者の基準（AまたはBを満たす事業者）

業種	業種詳細	A 資本金または出資額	B 常時使用する労働者
小売業	小売業、飲食店など	5000万円以下	50人以下
サービス業	物品賃貸業、宿泊業、医療、福祉、複合サービス事業など	5000万円以下	100人以下
卸売業	卸売業	1億円以下	100人以下
その他の業種	農業、林業、漁業、建設業、製造業、運輸業、金融業など	3億円以下	300人以下

助成上限額と助成率

助成上限額

コース区分	事業場内最低賃金の引き上げ額	引き上げる労働者数	助成上限額 右記以外の事業者	助成上限額 事業場規模30人未満の事業者
30円コース	30円以上	1人	30万円	60万円
		2～3人	50万円	90万円
		4～6人	70万円	100万円
		7人以上	100万円	120万円
		10人以上※	120万円	130万円
45円コース	45円以上	1人	45万円	80万円
		2～3人	70万円	110万円
		4～6人	100万円	140万円
		7人以上	150万円	160万円
		10人以上※	180万円	180万円
60円コース	60円以上	1人	60万円	110万円
		2～3人	90万円	160万円
		4～6人	150万円	190万円
		7人以上	230万円	230万円
		10人以上※	300万円	300万円
90円コース	90円以上	1人	90万円	170万円
		2～3人	150万円	240万円
		4～6人	270万円	290万円
		7人以上	450万円	450万円
		10人以上※	600万円	600万円

助成率

900円未満	9/10
900円以上 950円未満	4/5（9/10）
950円以上	3/4（4/5）

出所：「令和5年度業務改善助成金のご案内」(令和5年8月31日改正版)

中小企業と個人事業主の補助金・助成金の基礎知識

16 補助金・助成金の情報収集

補助金・助成金の情報収集の方法について解説します。

◆ 情報収集をどう行うか？

　これまでは、国が主体となった補助金・助成金の情報を解説してきましたが、各都道府県などの自治体でも地域の課題解決のために補助金・助成金制度があります。その情報収集には下記のサイトやツールが活用できます。

・J-Net21　ポータルサイト

中小企業のビジネスを支援するポータルサイトです。ビジネスに関する課題解決に役立つ様々なノウハウや情報を紹介しています。トップページから「支援情報ヘッドライン」のリンクをクリックすると、各都道府県の「補助金・助成金」情報を取得することができます（サイトURL：https://j-net21.smrj.go.jp/）。

支援情報ヘッドラインのページ

URL：https://j-net21.smrj.go.jp/

・J-Net21 メールマガジン
　J-Net21はメールマガジンも発行しています。毎週、上記の「支援情報ヘッドライン」をピックアップした補助金・助成金情報が届きますので、最新情報が得られます。トップページから「メルマガ登録はこちら」をクリックして申し込むことができます。

・日本公庫事業者 Support Plus
　補助金・助成金などの情報提供とQ&A、経営に役立つノウハウ・ツールを紹介したページです（サイトURL：https://www.jfc.go.jp/n/finance/keiei/support-plus/list/materials.html）。トップページの「補助金・助成金（経営Q&A）」ボタンをクリックすると、最新の補助金・助成金情報を得ることができます。

・LINE公式アカウント「日本政策金融公庫　事業者サポート」
　経営のプラスになる情報やサービスを提供する日本公庫国民生活事業のLINE公式アカウントです。補助金メインではありませんが、補助金の情報が配信されることもあります（アカウントURL：https://lin.ee/DN8nmlc）。
　LINE ID検索：@jfc_kokumin

・雇用関係助成金検索ツール
　厚生労働省のホームページには、「取組内容」と「対象者」から検索できる雇用関係助成金検索ツールが用意されています（サイトURL：https://www.mhlw.go.jp/stf/seisakunitsuite/bunya/koyou_roudou/koyou/kyufukin/index_00007.html）。

中小企業と個人事業主の補助金・助成金の基礎知識

17 役に立つ施設と利用方法

経営相談、補助金、助成金の相談などで役に立つ施設を紹介します。

◆ 様々なニーズに対応する施設

補助金・助成金の利用や申請などに関わる相談や経営相談などのできる施設もあります。ウェブサイトやツールなどと併せて利用を検討してみるのもよいでしょう。例えば、下記のような施設が利用できます。

・よろず支援拠点

よろず支援拠点は、中小企業や小規模事業者を対象とした経営相談窓口であり、売上拡大や生産性向上、事業運営の効率化、補助金活用など、幅広い経営課題に対応しています。各都道府県に設置されており、事業者が気軽に相談できる環境が整っています。

相談の受付は電話、メール、FAXなど様々な手段で行われており、忙しい事業者でも自身の都合に合わせて問い合わせることが可能です。窓口には多様な分野に精通した専門家が在籍しており、経営に関する課題解決を支援しています。令和5年度には、全国で合計431043件の相談実績を誇り、多くの事業者に利用されています。

相談の流れは大きく3つのステップに分かれています。まず、事業者が近隣のよろず支援拠点へ相談を申し込みます。次に、コーディネーターが事業者の状況を詳しくヒアリングし、課題を整理します。その後、具体的な提案を行い、必要に応じてフォローアップを実施します。このようなプロセスを通じて、事業者が持続的に成長できるような支援を提供しています。

また、よろず支援拠点では補助金に関する最新情報の提供も行っており、申請のサポートや適切な活用方法についてもアドバイスを受けることができます。売上向上や業務効率化を目指す事業者にとって、こうした相談窓口は強力な支援の場となるでしょう。

問合せ先

よろず支援拠点全国本部(独立行政法人中小企業基盤整備機構)
電話番号：03-5470-1581
公式サイト：https://yorozu.smrj.go.jp/

よろず支援拠点の相談内容内訳（令和5年度）

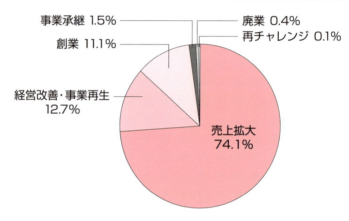

出所：よろず支援拠点サイト

・事業承継・引継ぎ支援センター

　事業承継・引継ぎ支援センターは、中小企業や個人事業主が円滑に事業を引き継ぐための支援を行う、公的な相談窓口です。国が設置し、全国の都道府県ごとに設置されており、東京都には2か所のセンターが設けられています。

　近年、少子高齢化の進行に伴い、多くの中小企業で後継者不足が深刻な問題となっています。事業承継・引継ぎ支援センターは、こうした課題に対応するため、事業の引継ぎに関する幅広い相談をワンストップで受け付け、専門的なアドバイスや支援を提供します。

　相談内容は親族内承継から第三者への引継ぎ(M&A)まで多岐にわたり、事業の存続や成長を支えるためのサポートを行っています。

　また、専門家とのマッチングや必要な手続きのサポート、資金調達に関す

る助言など、承継のあらゆる側面を総合的に支援します。事業の引継ぎを検討している経営者や、事業承継に関心のある方は、ぜひ一度事業承継・引継ぎ支援センターに相談してみてはいかがでしょうか。

事業承継・引継ぎ支援センターの具体的な支援内容は、主に「第三者承継支援」「親族内承継支援」「後継者人材バンク」の3つです。

「第三者承継支援」は、後継者が不在の場合に、相談から譲受企業の紹介、成約に至るまでを一貫してサポートします。「親族内承継支援」では、親族や従業員への円滑な承継を実現するため、事業承継計画の策定などを支援します。「後継者人材バンク」は、創業を目指す起業家と後継者不在の企業や個人事業主をマッチングし、創業と事業引継ぎの両面を支援します。

問合せ先

独立行政法人 中小企業基盤整備機構
事業承継・再生支援部
電話番号03-5470-1595
公式サイト：https://shoukei.smrj.go.jp/

18 補助金を受け取るまでの流れ

中小企業と個人事業主の補助金・助成金の基礎知識

補助金を受け取るまでの流れとポイントについて解説します。

◆ 補助金を受け取るためのフロー

　補助金を受けるためにはいくつかの重要なプロセスを経る必要があります。補助金申請の流れを把握しておくことで、スムーズに進めることができます。具体的には、以下のようなステップで進行します。

①公募（募集開始）

　補助金の制度が発表され、公募要領が公開されます。これには、申請要件や補助対象となる経費、申請期間などの詳細が記載されています。申請者はこの公募要領をしっかりと読み、要件を満たしているかを確認することが重要です。

②申請（書類の提出）

　申請を行うためには、必要な書類を準備し、公募期間内に提出しなければなりません。書類には、事業計画書や予算計画書、過去の財務状況を示す資料などが含まれます。書類の不備があると審査がスムーズに進まないため、正確な情報をもとに作成し、締め切りに間に合うよう準備することが大切です。

③採択（審査通過）

　提出された申請書類は審査され、要件を満たしている場合は採択されます。審査では、事業の実現可能性、経済的な影響、補助金の適正な使用計画などが評価されます。採択された場合、申請者には通知が届き、次のステップに進むことができます。

④交付申請

　採択後、実際に補助金を受け取るためには、改めて交付申請を行う必要があります。この際、事業の詳細な実施計画を提出し、補助金の使途を明確にすることが求められます。

⑤交付決定

交付申請の内容が審査され、問題がなければ補助金の交付が決定されます。この段階で、補助金の正式な金額や交付条件が確定します。

⑥事業開始

交付決定を受けた後、事業を開始することができます。補助金を受けるためには、交付決定後に事業を始めることが条件となる場合が多いため、決定前に事業を開始しないよう注意が必要です。

⑦事業終了・報告

事業が完了したら、事業の実施状況や成果を報告する必要があります。報告書には、使用した資金の内訳や事業の成果が記載され、適正な事業運営が行われたことを証明します。

⑧確定検査

提出された報告書や関連書類が審査され、適正に事業が実施されたかどうかの確認が行われます。不正使用がないか、計画通りに事業が実施されたかがチェックされます。

⑨補助金額の確定

確定検査の結果をもとに、最終的な補助金額が決定されます。申請時の金額がそのまま交付されるわけではなく、審査の結果によって減額される場合もあります。

⑩請求

補助金額が確定したら、申請者は請求書を提出し、補助金の支払いを求めます。

⑪補助金の支払い

請求手続きが完了すると、確定した補助金が支払われます。

◇ 補助金申請の際の注意点

補助金申請には以上のとおり段階的な対応が必要となりますが、特に次の点に注意して対応することが重要です。

①期限を守る

補助金には申請期限だけでなく、「採択後いつまでに交付申請を行うか」などの重要な期限があります。これを過ぎると補助金を受け取ることができないため、スケジュールをしっかり管理することが必要です。

②必要書類を正確に準備する

補助金の審査では、申請書類の内容が非常に重要になります。不備や記入漏れがあると審査が遅れるだけでなく、不採択となる可能性もあるため、慎重に準備しましょう。

③事業の適正な運営

補助金は適正に使用されることが前提です。不正な利用や計画と異なる使途での支出は問題となり、補助金の返還を求められることもあります。事業の実施中も、補助金の条件を順守することが重要です。

補助金のフロー

申請 → 採択 → 交付申請 → 交付決定 → 事業実施 → 補助金支払

◆ 口頭審査とは

　補助金によっては、申請後に**口頭審査**が行われる場合があります。口頭審査は、一定の審査基準を満たした事業者が対象となります。

　審査形式はオンライン（Zoom等）で、時間は１事業者15分程度です。対応者は、申請事業者１名（代表者、取締役、補助金の担当者等）になります。準備が必要なものは下記のとおりです。

- PC、Webカメラ、マイク（※カメラはオン）
- 顔写真付きの身分証明書
- 会社内の会議室等、審査に適した環境

　なお、審査の内容は、明らかにされていません。審査にあたっては、事業計画書の内容を読み返しておくことや、Zoomでのオンライン会議に慣れていない場合は事前にテストすることが重要です。

　口頭審査においては、事業計画書の作成支援者、経営コンサルタント、社外顧問などの同席が一切認められていない場合があります。審査には法人の代表者１名のみが対応可能であり、他の人物の声が入らないよう注意が必要です。審査中に他の人が画面に映り込んだ場合、申請を辞退したものとみなされ、不採択となる可能性があります。詳細については、必ず各種補助金の公募要領をご確認ください。

中小企業と個人事業主の補助金・助成金の基礎知識

助成金のフロー

助成金を受け取るまでの流れとポイントについて解説します。

◆ 助成金のフローの詳細

　補助金と同じく、助成金を受けるためにも、重要なプロセスを経る必要があります。そこで本節では、助成金申請の流れを詳しく解説するとともに、スムーズに進めるためのポイントを紹介します。まず、助成金を受け取るまでの流れは、以下のようなステップで進行します。

①実施計画の策定

　「キャリアアップ計画書」など、各種助成金に決められた計画書を作成します。

②計画の届け出

　書類をそろえて、助成金の事務局に提出します。書類の不備や記載漏れがあると、審査に影響する場合があるため、社会保険労務士などのアドバイスを受けることも有益です。

③計画の実施

　策定した計画にそって、取り組みを実施します。助成金の支給に影響するため、記録や証跡の保存が求められることが一般的です。

④助成金の申請

　助成金が申請できる時期になったら、申請します。

⑤審査

　審査が行われます。

⑥助成金の支払

　助成金が支払われます。

◇ 助成金申請の際の注意点

助成金の申請時には下記の点に注意することが大切です。

①応募要件・ガイドラインの確認

助成金ごとに応募条件や評価基準、必要な書類が異なります。募集要項やガイドラインを十分に確認し、条件を満たしているかどうかを事前にチェックしましょう。

②計画書の充実

単に作成するだけでなく、事業の目的、具体的な実施計画、予算計画、成果の見込みなどを明確に記載し、説得力のある内容に仕上げることが求められます。

③証跡の整備

申請内容を裏付けるための証拠やデータ、過去の実績、根拠となる資料など、後から確認できる形で記録や証跡を残すことが重要です。これにより、審査過程での信頼性が高まります。

④期限の厳守

提出期限や必要な書類の締め切りを厳守すること。遅延や不備があると、審査対象外となる可能性があります。

⑤事前相談・問い合わせ

助成金を運営する担当窓口や相談窓口がある場合は、事前に相談して疑問点を解消しておくと、申請書作成がスムーズに進みます。

⑥内部チェック体制の整備

申請書類の内容を関係者で共有し、複数の目でチェックする体制を整えることで、記載漏れや誤りを防ぐことができます。

実際の手続きや要件は助成金の種類や年度ごと、または地域・業種ごとに異なる場合がありますので、助成金制度の最新情報や募集要項を必ずよく確認するようにしてください。

助成金の申請を円滑に進めるためには、計画書の作成に着手する前の段階で、ハローワークや都道府県労働局などの関係機関へ事前に相談を行うことが重要です。これにより、申請に必要な条件や手続きの詳細、最新の制度情報などを正確に把握することができ、不備のない申請書類の作成につながります。

助成金のフロー

計画の策定 → 計画の届け出 → 計画の実施 → 助成金の申請 → 審査 → 助成金支払い

中小企業と個人事業主の補助金・助成金の基礎知識

中小企業・小規模事業者の定義

中小企業・小規模事業者がどのように定義されているかについて解説します。

◆ 中小企業の定義

　補助金・助成金の対象となる企業の大半は中小企業であり、その定義は**中小企業基本法**によって明確に定められています。そこで、本節では中小企業および小規模事業者の定義について詳しく説明します。

　まず、具体的な基準として、資本金や従業員数などが業種ごとに規定されており、企業の属性によって異なる基準が適用されます。中小企業庁のサイトでは下記のように説明されています。

中小企業の定義

業種分類	中小企業基本法の定義
製造業その他	資本金の額または出資の総額が3億円以下の会社または常時使用する従業員の数が300人以下の会社および個人
卸売業	資本金の額または出資の総額が1億円以下の会社または常時使用する従業員の数が100人以下の会社および個人
小売業	資本金の額または出資の総額が5千万円以下の会社または常時使用する従業員の数が50人以下の会社および個人
サービス業	資本金の額または出資の総額が5千万円以下の会社または常時使用する従業員の数が100人以下の会社および個人

出所：中小企業庁サイト

◆ 小規模事業者の定義

　中小企業の中でも、特に規模が小さい事業者は「小規模事業者」として分類されています。同じく中小企業庁によると、下記のように定義されています。

小規模事業者の定義	
業種分類	中小企業基本法の定義
製造業その他	従業員20人以下
商業・サービス業	従業員5人以下

出所：中小企業庁サイト

　実際に補助金や助成金の申請を行う際には、該当する公募要領を確認し、自社が申請可能な金額や条件をしっかりと把握することが重要です。公募要領には、申請資格や補助対象となる事業内容、申請手続きの詳細などが記載されています。

　例えば、事業再構築補助金（通常類型）の場合は下記のような定義がされています。

［成長分野進出枠（通常類型）］
中小企業者等、中堅企業等ともに
【従業員数20人以下】100万円～1,500万円(2,000万円)
【従業員数21～50人】100万円～3,000万円(4,000万円)
【従業員数51～100人】100万円～4,000万円(5,000万円)
【従業員数101人以上】100万円～6,000万円(7,000万円)
※()内は短期に大規模な賃上げを行う場合

出所：事業再構築補助金第13次公募要領

◆ 従業員がいなくても補助金・助成金は申請できるか？

　「従業員がいない一人社長や個人事業主でも、補助金や助成金を申請できるのか？」という疑問を持つ方は多いでしょう。結論からいうと、従業員がいない一人社長や個人事業主でも申請可能な補助金は存在します。これは、補助金制度の目的が事業の発展や支援にあるためです。

　例えば、「小規模事業者持続化補助金」「IT導入補助金」は、従業員が0名の事業者でも申請が可能です。ただし、補助金ごとに申請条件が異なるため、

事前にしっかり確認することが重要です。各補助金の公募要領を読み申請要件を確認するとともに、不明点があれば事務局に問い合わせることが大切です。公募要領を読んでも不明点がある場合は、該当する事務局に相談することでより正確な情報が得らえるでしょう。

一方、助成金については、従業員がいないと申請できないケースがほとんどです。これは、助成金の多くが雇用環境の改善や従業員の処遇向上を目的としているためです。助成金の申請を検討している場合は、各制度の要件を確認し、自社の状況に適したものを選ぶようにしましょう。

◇ 令和7年中小企業・小規模事業者関連予算等のポイント

中小企業庁では、中小企業対策関連予算として、中小企業対策費を令和7年度と令和6年度の補正予算を合わせて6,681億円計上しています。それらの使い道は、以下のとおりとなっています。

> ①持続的賃上げ実現に向けた中小企業の成長・生産性向上・省力化投資支援
> ものづくり補助金、IT導入補助金、小規模事業者持続化補助金、事業承継・M&A補助金、省力化補助金などに3,400億円
> ②物価高、人手不足等の厳しい経営環境への対応
> ③小規模事業者支援、災害からの早期復旧支援
> ④事業承継、再編等を通じた変革の推進
> ⑤中小企業・小規模事業者の活性化、地域課題解決に向けた取組支援の推進

今回の予算には補助金が多く組み込まれており、採択率の向上も見込まれます。事業者にとっては、これらの支援策を有効に活用し、持続可能な成長へとつなげていくことが重要となるでしょう。

② 補助金・助成金を申請するための準備

本章では補助金・助成金の申請の流れや必要な対応について解説します。必要書類の書き方や注意点なども紹介します。

補助金・助成金を申請するための準備

補助金・助成金を申請するために必要なもの

補助金・助成金の申請ではオンラインでの申請が増えており、ハードウェアやソフトウェアの準備が必要となります。

◆ オンライン申請への移行

　近年、補助金や助成金の申請手続きにおいて、**電子申請**の活用が急速に進んでいます。特に、すべての雇用関係助成金で電子申請が可能となり、行政手続きのデジタル化が一層推進されています。そのため、従来の紙ベースでの申請から、オンラインでの申請へと移行しつつあるのが現状です。

　電子申請をスムーズに進めるためには、適切なハードウェアやソフトウェアを準備することが不可欠です。そこで本節では、補助金・助成金の申請に必要な備品やソフトウェアについて詳しく解説します。

◆ 補助金・助成金申請に必要なハードウェア

　電子申請を行うためには、基本的なIT環境が整っていることが前提となります。特に以下のハードウェアが必要となります。

ハードウェア	説明
パソコン	電子申請を行うためには、インターネットに接続されたPCが必要です。
スマートフォンor携帯電話	GビズIDを利用したログイン時には、ワンタイムパスワードを受信するためのスマートフォンまたは携帯電話が必要です。

◆ 補助金・助成金申請に必要なソフトウェア・アプリ

　電子申請を行うためには、申請フォームの記入や必要書類の作成・提出に対応したソフトウェアが必要です。以下に、主に必要とされるソフトウェアをまとめました。

ソフトウェア	説明
ブラウザ	補助金・助成金申請の専用サイトにアクセスするためのWebブラウザが必要です。
Acrobat	事業計画書、決算書などの書類はPDF形式で提出することが多いです。
Microsoft Word	補助金のサイトにある様式で使われています。
Microsoft Excel	申請様式がExcelの補助金・助成金もあります。売上計画などを立てるときに、自動計算できた方が良いでしょう。
圧縮・解凍ソフト (7-ZIP)	申請時に複数のファイルをまとめて提出する場合、ZIP形式などで圧縮することが求められるケースがあります。

◆ 電子申請マニュアル（応募申請）

　オンラインでの申請については、「電子申請マニュアル」が事前に公開されます。目を通すだけでも、申請時の画面の操作イメージをつかむことができるので、PCでの操作に不安がある方も安心です。「スマホやタブレットでの申請はできない」など注意事項も書かれている場合があるため、申請当日は手元にマニュアルを置いて確認しながら進めることをおすすめします（例：中小企業省力化投資補助金の電子申請マニュアル）。

◆ スマホからパソコンに送った写真について

　電子申請では、必要な書類とあわせて写真データを添付する場面があります。スマートフォンで撮影した写真をパソコンに送って使用する場合、ファイル形式や画像の表示状態によっては、うまく反映されないこともあるため注意が必要です。

　事前に、スマホからパソコンに送信した写真ファイルを実際に開いてみて、正しく表示されるかを確認しておきましょう。

補助金・助成金を申請するための準備

「公募要領」を確認する

補助金の「公募要領」には、応募資格や必要書類など補助金申請に必要な情報が記載されています。

◆ 公募要領の確認のポイント

公募要領は補助金の公募に際してのルールや規定をまとめたものです。応募資格や必要書類、審査基準など、申請に必要な情報が詳細に記載されており、各補助金のウェブサイト等で確認することができます。補助金申請において、公募要領を正しく確認することは、申請ミスを防ぎ、採択率を高めるための重要なステップとなります。

しかし、補助金によっては公募要領が数十ページに及ぶこともあり、すべてを熟読するのは容易ではありません。そこで、効率的にポイントを押さえて確認する方法をご紹介します。

公募要領の確認には以下のポイントがあります。

①**応募資格の確認**
・設立時期の要件
・法人格要件(個人事業主可能か、NPO法人対象かなど)
・事業規模の要件(中小企業者の定義、従業員数など)
・業種・業界の要件
・地域の要件(都道府県、自治体の補助金の場合)

②**事業内容の適合性**
・補助事業テーマと自社の取り組み内容の合致
・対象となる経費項目の確認
・補助事業期間の確認

③**申請準備**
・必要書類の確認(提出書類一覧のチェック)
・外部機関で準備が必要な書類の確認
・加点要件の確認

④**審査ポイントの把握**
・新規性、革新性、実現可能性、社会性、事業の効果などの審査項目の確認

⑤**スケジュールの確認**
・公募締切日、採択発表日の確認
・申請準備に十分な時間があるかの確認

公募要領をよく読み、これらのポイントを押さえることで、補助金申請の成功率を高めることができます。

補助金申請のチェックリスト

✓	チェック項目
	応募資格はあるか？
	補助事業テーマと自社の取組内容が一致しているか？
	補助金の申請まで余裕を持ったスケジュールはあるか？

COLUMN 過去に申請した補助金がないか？

補助金申請の際に、過去に補助金を申請していないか調べることが重要です。その理由は以下のとおりです。

①重複申請や不正受給を避けるため
　一部の補助金では、同じテーマに対して複数回申請できない場合があります。すでに受給している補助金と新たに申請する補助金が内に重複すると、不正受給とみなされる可能性があります。
②補助金の要件を満たしているか確認するため
　一部の補助金では、過去に同じ種類の補助金を受給していると申請できない場合があります。
③補助金の併用制限を確認するため
　補助金の中には、他の補助金と併用できないものもあります。例えば、国の補助金と地方自治体の補助金の両方を申請できる場合と、どちらか一方しか使えない場合があります。
④審査時の信用を確保するため
　補助金の審査では、申請者の過去の補助金利用実績がチェックされることがあります。適切に活用し、報告義務を果たしているかが評価されること

もあるため、申請時に正確な情報を記載することが重要です。
　過去の補助金申請歴を確認することで、スムーズな申請と適正な受給が可能になります。

「ものづくり補助金」の補助対象外となる事業者

　以下に該当する事業者は、補助対象外となります。申請内容から判断します。また、該当することが判明した時点で補助対象外となります。事前に十分に確認してください。
- ✓ 当該公募の応募締切日を起点にして10ヶ月以内に、本事業の交付決定を受けた事業者及び応募締切日時点で本事業の補助事業実績報告書を未提出の事業者
- ✓ 過去3年間に、2回以上、本事業の交付決定を受けた事業者

出所：ものづくり補助金第18次公募要領

東京経営展開サポートにおける助成金申請時の過去の申請状況の確認例

(1)過去5年間に国・都・公社等から補助金・助成金の交付を受けましたか。	(選択)
(2)現在実施中又は申請中(予定を含む)の補助金・助成金はありますか。	(選択)

(1)、(2)のいずれかもしくは両方が「はい」の場合、直近のものから順に記入してください。

年度	申請先	補助・助成事業名	助成金額	本申請との経費の重複	本申請との内容の重複	状態
			千円	(選択)	(選択)	(選択)
			千円	(選択)	(選択)	(選択)

※5つ以上ある場合には、特に本申請に関連のあるもの4つを記載してください。

出所：令和6年度 新たな事業環境に即応した経営展開サポート事業(一般コース)申請書をもとに作成

補助金・助成金を申請するための準備

GビズIDを取得する

GビズIDは法人や個人事業向けの共通認証システムであり、取得することで行政サービスの申請をオンラインで行いやすくなります。

◇ GビズIDの種類

　GビズIDは、法人や個人事業主向けの共通認証システムです。GビズIDを取得しておくことで、様々な行政サービスにログインできるようになり、オンラインでの申請をスムーズに行うことができます。特に、補助金や助成金のWeb申請、加点のWeb申請においては、GビズIDが必要となるケースが多いため、あらかじめ取得しておくことをおすすめします。

　GビズIDには、以下の3種類のアカウントが存在しており、それぞれ用途が異なります。

①GビズIDプライム

　補助金申請や助成金申請など、行政手続きを行う際に最も広く利用されるアカウントです。申請には、法人の代表者または個人事業主が必要書類を提出する必要があります。

②GビズIDメンバー

　GビズIDプライムを取得した法人・事業主のもとで、従業員が利用できるアカウントです。これにより、社内の担当者がGビズIDを活用して各種手続きを行うことが可能になります。

③GビズIDエントリー

　限定的な行政サービスを利用するためのアカウントであり、簡易的な手続き向けです。ただし、補助金や助成金の申請には基本的に利用できません。

　GビズIDの種類ごとに利用できる行政サービスが異なるため、事前にどのアカウントが必要かを確認することが重要です。詳しくは、以下の公式サイトをご参照ください。

　https://gbiz-id.go.jp/top/service_list/service_list.html

◇ GビズIDの取得方法

　GビズIDの発行申請には2種類あり、それぞれ取得までの期間が異なります。

①マイナンバーカードを利用したオンライン申請

　最短で即日発行が可能です。マイナンバーカードを持っている場合は、オンラインでスムーズに申請できます。

②郵送での申請

　必要書類を郵送する方法では、発行までに約1週間程度かかります。補助金や助成金の申請を予定している場合は、余裕を持って手続きを進めることをおすすめします。

書類郵送申請とオンライン申請

書類郵送申請	オンライン申請
申請可能な人 個人事業主・法人の代表者	**申請可能な人** 個人事業主・法人の代表者 ※主に株式会社、有限会社、合同会社の方が対象です。詳細は、対象の法人種別（GビズIDサイト内）をご確認ください。
手続きに必要なもの GビズIDの申請書と必要書類を郵送の上、審査を経てアカウント登録を行います。	**手続きに必要なもの** マイナンバーカードとスマートフォンをご用意いただきオンラインにて申請を行います。

個人事業主の方は　法人の方は　登録印
印鑑登録証明書　印鑑証明書

＋

申請用端末（PC等）と　SMS受信用の
メールアドレス　　　スマートフォン or
　　　　　　　　　　携帯電話

マイナンバーカード
※詳細は利用可能なマイナンバーカード（GビズIDサイト内）をご確認ください

＋

申請用端末（PC等）　カード読み取り可能および
とメールアドレス　　SMS受信が可能な
　　　　　　　　　　スマートフォンに
　　　　　　　　　　GビズIDアプリインストール
　　　　　　　　　　が必要です

出所：GビズIDウェブサイトをもとに作成

補助金・助成金を申請するための準備

04 jGrants（補助金・助成金の）電子申請

補助金・助成金の申請をオンラインで行えるウェブサイトである「jGrants」の概要と使い方を解説します。

◆ jGrantsの公式サイト

　近年、補助金や助成金の申請方法が従来の書類提出から電子申請へと移行するケースが増えてきています。

　jGrantsは、企業や個人事業主が補助金・助成金の申請をオンラインで行えるWebサイトであり、手続きの効率化が期待されています。以下では、jGrantsの利用方法についてご紹介します。

　まず、申請を行うためには、以下のサイトにアクセスする必要があります。

jGrantsのウェブサイト

URL：https://www.jgrants-portal.go.jp/

◆ jGrantsの利用方法

次に利用方法を見ていきます。

①ログインについて

jGrantsを利用するためには、「GビズID」が必要です。GビズIDをまだ取得していない場合は、事前に取得する必要があります。また、ログイン時には、スマートフォン（携帯電話）にワンタイムパスワードが送信されるため、ログイン作業を行う際には、手元にスマートフォンを用意しておくことが重要です。

②申請の流れ

申請を行うと、登録したメールアドレス宛に申請受付の通知が届きます。このメールは、今後の手続きで必要となる可能性があるため、大切に保管しておきましょう。また、申請後に事務局から差し戻しの連絡があった場合は、jGrantsのサイト上で修正し、再申請を行うことができます。差し戻しの理由を確認し、適切な修正を加えた上で再提出することが求められます。

◆ 2025年2月からの新機能「代理申請機能」について

2025年2月から、jGrantsには**代理申請機能**が追加される予定です。この機能は、補助金の申請作業を事業者が自ら行うことが難しい場合に、行政書士などの専門家に代理作成を依頼できる仕組みです。

ただし、代理申請が可能なのは「申請内容の作成」のみであり、「申請自体」は事業者本人が行う必要があります。つまり、行政書士等が申請書を作成したあと、最終的な内容確認と申請ボタンを押す作業は、事業者自身が責任を持って行うことになります。以下は注意点になります。

- ・代理申請者は申請内容の入力のみを行い、事務局への申請は事業者自身が行う。
- ・事務局からの差し戻しがあった場合も、代理申請者による修正は可能であるが、事業者が最終的に内容の確認をして再申請する。

このように、代理申請機能はあくまで申請作業のサポートを目的としたものであり、最終的な責任は事業者にある点を理解しておくことが重要です。

◇ GビズIDアプリ

2025年4月現在、「GビズID」を使ってログインする際には、スマホに送信されたワンタイムパスワードを使ってログインできるようになっています。しかし、GビズIDアプリによるログインも可能となっており、今後は2025年12月末頃までにこのアプリによるログインに切り替わる予定です。「ID/パスワード」入力による認証に加え、アプリによる簡単操作での認証をすることで、ログインすることができ、申請を行うことができます。

アプリはGビズIDのウェブサイトにある「GビズIDアプリ詳細ページ」からダウンロードすることができます(サイトURL:https://gbiz-id.go.jp/top/app/app.html)。

代理申請のフロー

代理申請者(行政書士等)による申請内容入力 → 事業者自身で申請 → 事務局による審査

補助金・助成金を申請するための準備

05 ミラサポplusの活用

補助金申請時に役立つ情報を提供しているミラサポplusの活用方法について解説します。

◆ ミラサポplusとは？

　ミラサポplusは、中小企業や個人事業主が活用できる補助金や経営のヒント、相談窓口などの有益な情報を提供するウェブサイトです。補助金申請を行う際には、このサイトを通じて事業財務情報を入力し、提出する必要がある場合があります。

ミラサポplusの公式サイト

URL：https://mirasapo-plus.go.jp/

◆ ミラサポplusでできること

　ミラサポplusには、以下のような機能があり、経営者にとって有益な情報を提供しています。

① **「人気の補助金」ページから各種補助金情報を確認できる**
　補助金情報を一覧で確認、自社に適した補助金を探しやすくなっています。
② **経営の相談先を探すことができる**
　経営に関する悩みを相談できる支援機関を検索することができます。
③ **ローカルベンチマークを活用し、事業財務情報を入力できる**
　ローカルベンチマークを利用することで、財務面と非財務面の両方から自

社の状況を見直し、経営改善に活かせます。

④「成長加速マッチングサービス」(2025年3月公開予定)を利用できる
自社の経営課題を解決できそうな支援者とつながることができるマッチング機能が搭載される予定です。

◇ 事業財務情報の入力方法

補助金の申請時には、**事業財務情報**を添付資料に求められる場合があります。例えば、過去の事業再構築補助金の公募要項では下記のような指定がありました。このように公募要領に作成方法などが記載されていますので、よく確認しておきましょう。

事業財務情報が添付資料に求められる例

「中小企業向け補助金 総合支援サイト ミラサポ plus」の「ローカルベンチマーク」で「事業財務情報」を作成の上、ブラウザの印刷機能でPDF出力し、添付してください。
・赤いアスタリスク(*)が付いた項目が必須項目です。なお、白色申告の個人事業主で貸借対照表を作成していない等記入できない項目がある場合は「0」と入力いただいて差し支えございません。
(参考)「事業再構築補助金」を申請したい方向け「ミラサポ plus の操作マニュアル」

出所：事業再構築補助金事務局「事業再構築補助金公募要領(第13回)」より抜粋

なお、ミラサポplusにログインするには、GビズIDが必要です。ログイン後、以下の2つの方法で事業財務情報を入力できます。

①決算書の内容を画面の入力項目に沿って直接入力する
②CSVフォーマットをダウンロードし、データを入力後、一括登録する

◆ ローカルベンチマークとは？

　ローカルベンチマークとは、企業の財務情報（決算書など）と非財務情報（業務フロー、取引関係など）の2つの側面から経営を見直すためのツールです。これを活用することで、自社の強みや課題を整理し、経営戦略の改善に役立てることができます。

　特に、非財務情報を整理する中で、今まで気づかなかった自社の強みが明確になり、新たな成長の可能性を見つけるきっかけにもなります。また、ローカルベンチマークの結果は、自己分析だけでなく、支援機関と対話しながら改善策を考えるための資料としても活用できます。

　このように、「ミラサポplus」は、補助金情報の提供だけでなく、経営改善に役立つ多くの機能を備えたサイトとなっており、経営者にとって強力なサポートツールとなっています。

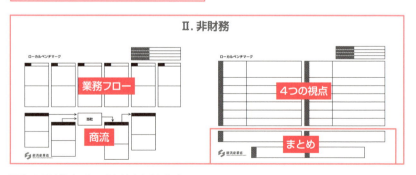

ローカルベンチマークの財務・非財務情報

出所：ミラサポplusウェブサイトをもとに作成

補助金・助成金を申請するための準備

決算書をそろえる

事業計画書を作成する際に必要となる決算書について、そろえる意義や必要書類について解説します。

◇ 決算書を事前にそろえる重要性

　補助金の申請に必要な書類は、公募要領に詳細が記載されています。その中でも、事業計画書を作成する際にまず準備すべきなのが**決算書**です。決算書を事前にそろえることは、補助金申請の成功率を高めるために非常に重要です。作成のポイントは次のとおりです。

①補助金の要件チェック

　一部の補助金では、申請要件として直近の売上減少率や利益率の変化が求められることがあります。このような財務データは決算書に記載されており、事前に準備しておけば、補助金の申請要件を満たしているかどうかをスムーズに確認できます。

　例えば、東京都の「新たな事業環境に即応した経営展開サポート事業」助成金では、売上の減少が一定の基準を満たしていることが申請の前提条件となっています。このような場合、決算書がなければ、申請の可否を判断することすら難しくなります。

②基本要件「給与支給総額のシミュレーション」の必要性

　補助金の多くは、「給与支給総額の年平均成長率を 2.0％以上増加させること」といった基本要件があり、これを満たさない場合補助金の返還義務が生じます。補助金申請を検討する前に、最新の決算書から給与支給総額を計算して、どのくらいの賃上げが必要かどうかをシミュレーションしておくことは重要です。

売上減少要件が申請要件となっている公募要領の例

> (2) 令和7年1月6日時点で下記ア・イのいずれかに該当し、下記ウに該当すること。
> 　ア 法人：本店(実施場所が都内の場合は支店でも可)の登記が都内にあること
> 　イ 個人事業者：納税地が都内にあること
> 　ウ 直近決算期の売上高が、「2019年の決算期以降のいずれかの決算期」と比較して減少している、又は直近決算期において損失を計上していること
> ※「2019年の決算期」とは、決算月が2019年1月～12月に属する決算期とする。
> (例) 決算月が12月の場合は2019年1月～12月
> 　　 決算月が3月の場合は2018年4月～2019年3月

出所：東京都「新たな事業環境に即応した経営展開サポート事業」より抜粋

③データをもとに説得力のある事業計画書を作成

事業計画書を作成する際には、過去の実績を示すデータが不可欠です。売上高、営業利益、経費の推移などの財務情報を正確に示すことで、申請書の信頼性が向上し、補助金の採択率も高まります。

特に、金融機関や投資家の支援を受ける場合と同様に、補助金審査でも「事業の持続可能性」や「実現可能性」が重視されるため、過去の財務状況を明確に示すことが大切です。

④税理士や専門家とのスムーズな連携

補助金申請の過程では、税理士や補助金コンサルタントと連携することが多くなります。決算書が手元にあれば、専門家が的確なアドバイスを提供しやすくなり、申請書の作成がスムーズに進みます。

税理士は、決算書のデータをもとに補助金申請に最適な財務戦略を提案できます。また、補助金コンサルタントは、決算書の数値を活用して、より説得力のある事業計画書を作成するサポートを行えます。

◆ どの決算書を準備すべきか？

　申請する補助金の種類にもよりますが、一般的には以下の書類が必要になります。

> ①**貸借対照表（B/S）**：企業の資産・負債・純資産の状況を示す必須書類。
> ②**損益計算書（P/L）**：企業の収益や費用、利益の推移を示す必須書類。
> ③**販売管理費明細**：給与支払額や広告宣伝費など、経費の詳細がわかる書類。
> ④**法人事業概況説明書**：税務申告書の一部であり、財務状況を補足する情報。

　これらの書類を事前に用意しておくことで、補助金申請に必要な財務データをすぐに活用できるようになります。

　補助金申請には期限があり、提出締切を過ぎると申請ができなくなります。特に、直近の財務資料が求められる場合、税理士と早めに連携しておくことが重要です。

早期準備のメリット

- 申請期限ギリギリで焦ることなく、余裕を持って申請書を作成できる。
- 補助金の審査に通りやすい、詳細かつ説得力のある計画書を作成できる。
- 必要な書類を早めに準備することで、ミスや不備を防ぐことができる。

補助金・助成金を申請するための準備

必要な書類をそろえる際のポイント

補助金の申請に必要となる書類の準備方法や作成のポイントについて解説します。

◆ ものづくり補助金の提出書類の例

　補助金の申請にあたっては、事業計画書の作成と並行して、申請までに必要な書類をそろえる必要があります。事前に税理士や専門家に相談し、金融機関から必要な書類を依頼する際も早めに動くことで、申請期限に間に合わせることができます。

　例えば、ものづくり補助金第18次の公募要領には、必要な提出書類についての詳細が右ページの表のように記載されています。具体的な申請要件や書類の形式などを確認し、漏れのないように準備しましょう。

◆ 見積書の取得

　申請書類には直接添付が求められない場合もありますが、設備投資、システム開発、広告宣伝費などに関する**見積書**を取得しておくことは、事業計画書の精度を高めるために有効です。特にシステム開発などの場合、要件が完全に定まっていない段階では概算費用になることもありますが、おおよその費用感を把握しておくことで、より現実的な数値計画を立てることができます。

◆ 提出ファイル形式

　補助金の申請では、提出ファイル形式が「PDF」と指定されていることが多いため、WordやExcelのデータをPDFに変換する必要があります。変換方法としては、印刷メニューから「PDFとして保存」を選択する方法が一般的です。また、紙の書類を提出する場合は、スキャナを使用してPDFに変換し、電子データとして提出する必要があります。

◆ 提出時の注意点

補助金の申請においては、事務局によると書類の不備が原因で不採択となっているケースもあるようです。以下のような点を事前にチェックし、問題がないことを確認しましょう。

・書類にパスワードがかかっていないか
・ファイルが破損していないか
・書類の内容が不鮮明でないか
・白紙のファイルが含まれていないか

申請の際に誤りがないよう、提出前にしっかりと確認することをおすすめします。書類の準備は時間がかかるため、計画的に進め、余裕を持って提出できるようにしましょう。

PDFファイルへの変換方法

ものづくり補助金第 18 次の場合の提出書類

提出物	提出対象者	提出方法 システム入力	提出方法 書類添付	提出ファイル形式
事業者情報 （法人番号、代表者氏名、本社所在地、株主等一覧など）	全事業者	●	—	—
経費明細	全事業者	●	—	—
事業計画名 事業計画書の概要	全事業者	●	—	—
事業計画書	全事業者	—	●	【様式：事業計画書】PDF
事業計画書算出根拠	全事業者	—（※）	●	PDF
補助経費に関する誓約書	全事業者	●	●	PDF
賃金引上げ計画の誓約書	全事業者	●	—	—
決算書等	全事業者	—	●	PDF
従業員数の確認書類	全事業者	—	●	PDF
労働者名簿	全事業者	—	●	PDF
再生事業者	要件該当者	—	●	PDF
最低賃金要件に関する確認書	新型コロナ加速化特例に申請する事業者のみ	●	●	PDF or システム入力
大幅な賃上げ計画書	大幅賃上げ特例申請事業者のみ	—	●	【様式4】PDF
金融機関による確認書	金融機関から借り入れを行う事業者のみ	—	●	【様式5】PDF
加点にかかるエビデンス	加点申請事業者のみ		●（加点により異なります。詳細に関しては「5-4 添付書類」をご確認ください。）	

※厚生労働省所管の産業雇用安定助成金（産業連携人材確保等支援コース）を利用する予定の場合は、チェックボックスにチェックを入れること（詳細は 5-1 事業計画書への記載事項を参照）。

出所：ものづくり・商業・サービス補助金事務局（全国中小企業団体中央会）「ものづくり・商業・サービス生産性向上促進事業公募要領（18 次締切分）」

COLUMN 書類の準備で気を付けるべきポイント

書類の準備においては、次の3点について気を付けておきましょう。

①申請ファイル名を守る

申請ファイル名は、各補助金の公募要領で指定されているため、必ず確認しましょう。また、正しいファイル名をつけておくことで電子申請時のファイル添付ミスを防ぐことができます。

小規模事業者持続化補助金(第16次)の添付書類

添付書類	ファイル名
貸借対照表および損益計算書(直近1期分)	・貸借対照表(事業者名) ・損益計算書(事業者名)
株主名簿	・株主名簿(事業者名)
直近の確定申告書【第一表及び第二表及び収支内訳書(1・2面)または、第一表及び第二表及び所得税青色申告決算書(1〜4面)】(税務署受付印のあるもの)または開業届(税務署受付印のあるもの)	・確定申告書(事業者名) ・開業届(事業者名)
貸借対照表および活動計算書(直近1期分)	・貸借対照表(事業者名) ・活動計算書(事業者名)
現在事項全部証明書または履歴事項全部証明書(申請書の提出日から3か月以内の日付のもの(原本))	・現在事項全部証明書(事業者名) ・履歴事項全部証明書(事業者名)
法人税確定申告書(別表一(受付印のある用紙)および別表四(所得の簡易計算))(直近1期分)	・法人税確定申告書(事業者名)

出所:小規模事業者持続化補助金(第16次)の公募要領

②書類の有効期限に注意する

　公募要領のNo.7に記載されているように、「3か月以内」などの有効期限が設定されている書類があります。提出前に期限を確認し、期限切れの書類を提出しないよう注意しましょう。

③チェックリストを作成する

　補助金申請の〆切間際になって、書類が不足していて申請できなかったということを防ぐため、チェックリストを作成するのも有効です。

チェックリストの例

用意すべき書類	チェック	備考
履歴事項全部証明書	✓	
貸借対照表・損益計算書		税理士さんに確認中
開業届	✓	

補助金・助成金を申請するための準備

補助金における加点とは

補助金申請の採択率を上げるために重要な要素である加点項目について、概要と主な内容を紹介します。

採択率を上げるために加算される

補助金の**加点項目**とは、補助金申請を審査する際に、特定の条件や取り組みが評価され、採択率を上げるために加算されるポイントのことを指します。これらの項目は補助金の種類や目的によって異なりますが、一般的な加点項目には以下のようなものがあります。

ものづくり補助金の加点一部

種類	詳細
政策加点	創業・第二創業後間もない事業者(5年以内)、パートナーシップ構築宣言、再生事業者など
賃上げ加点	給与支給総額を年平均成長率平均3％以上増加、事業場内最低賃金を毎年＋50円以上ずつ増加など
女性活躍等の推進の取組加点	えるぼし加点、くるみん加点など

出所：ものづくり・商業・サービス生産性向上促進事業 公募要領(18次締切分)

加点は多い方が採択されやすいという結果が出ています。取得できる加点項目は取っていきましょう。

ものづくり補助金における加点と採択率の関係については、加点が0～4個になるにつれて採択率が上昇しており、加点を4個取得した場合の採択率は60.4％に達しています。したがって、加点を取得することで採択率が向上することがわかります。

自社の事情に合った加点をいくつか取得しておくことは重要です。ただし、加点の取得には日数を要する場合もあるため、事前にスケジュールに組み込んでおくとよいでしょう。

◇ ものづくり補助金の加点と採択率の関係

補助金ごとに加点項目は異なるため、応募する補助金の公募要領や**申請ガイドライン**をしっかり確認することが重要です。また、不明点がある場合は、管轄の窓口や相談センターに問い合わせることで詳しい情報を得られます。

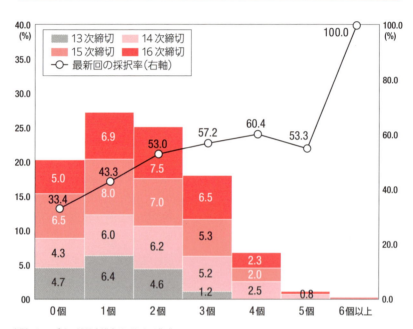

加点項目の数

出所：ものづくり補助金総合サイトより作成

補助金・助成金を申請するための準備

加点項目①
女性の活躍・両立支援

一部の補助金申請で加点の対象となる「女性の活躍・両立支援」に関する要件について解説します。

◇ 女性活躍・両立支援の広場

　前節で述べたとおり、補助金申請において、審査時に加点対象となる取り組みがいくつか存在します。これらの取り組みを実施することで、補助金の採択率を向上させることが可能となります。本節では「女性の活躍・両立支援」に関する加点要件について詳しく説明します。なお、加点項目は補助金の種類ごとに異なるため、詳細については各補助金の公募要領を必ずご確認ください。

　「女性の活躍・両立支援」に関する加点要件は、**両立支援のひろば**と**女性の活躍推進企業データベース**において**一般事業主行動計画**を公表することで、補助金申請時に加点を受けることができます。ただし、これらの登録は従業員が0名の事業者には適用されないため注意が必要です。

　両制度とも、厚生労働省「女性の活躍・両立支援」総合サイトから登録を行います(参考URL：https://positive-ryouritsu.mhlw.go.jp/userinfo/input_email)。

◇「両立支援のひろば」

　「両立支援のひろば」は、企業が仕事と育児の両立を推進するための取り組みを公表するプラットフォームです。登録時には、以下の3つの要素を含む一般事業主行動計画を策定する必要があります。

①計画期間
・例：2025年4月1日〜2028年3月31日(3年間)

②目標設定
- 例：「育児休業を取得しやすい環境を整備し、男性の育児休業取得率を50％以上に引き上げる」
- 例：「テレワーク制度を導入し、全従業員が柔軟に働ける環境を整備する」

③目標達成のための具体的な対策
- 育児休業制度の周知と利用促進
- 柔軟な勤務形態の導入（時短勤務・フレックスタイム制・テレワーク）
- 従業員向けの育児支援プログラムの実施

　一般事業主行動計画の具体的な策定例は東京労働局のページに掲載されています。こちらを参考にすることも効果的です（参考URL：https://jsite.mhlw.go.jp/tokyo-roudoukyoku/content/contents/001759304.pdf）。

◇ 女性の活躍推進データベース

　「女性の活躍推進企業データベース」は、企業が女性の活躍を推進するための取り組みを公表するプラットフォームです。こちらも公表にあたっては、自社の行動計画を策定します。内容としては、全社員に占める女性の数や割合、管理職に占める女性の割合、育休取得率や残業時間など、女性の活躍という視点から具体的な数値設定をする必要があります。

　また、注意事項として、登録を行う前に自社の行動計画がすでに登録されているかどうかを確認することが重要です。過去に登録した計画の有効期限が切れている場合、新たに策定・更新する必要があります。確認方法は以下のとおりです。

①自社の企業名で検索
- 「両立支援のひろば」または「女性の活躍推進企業データベース」で自社の企業名を検索
- 登録済みの「一般事業主行動計画」の有効期限を確認

②期限切れの場合は再登録
・計画の有効期限が過ぎている場合、新たな計画を策定し、再登録を行う

「両立支援のひろば」における一般事業主行動計画の策定例

株式会社○○ 行動計画

1. 計画期間　令和○年○月○日〜令和○年○月○日

2. 目標と取組内容

| 目標1 | 育休取得予定者に「育休復帰支援プラン」を策定し、円滑な育休取得・職場復帰をサポートする |

対策　○年○月〜　全社員に対し、「育休復帰支援プラン」や両立支援制度、育児休業給付、休業中の社会保険料免除など周知する
　　　○年○月〜　育休取得予定者に「育休復帰支援プラン」策定開始

| 目標2 | 小学校入学前までの子をもつ社員の育児目的休暇を導入する |

対策　○年○月〜　制度導入、社員への制度の周知

| 目標3 | 計画期間内に育児休業・育児目的休暇の取得率を次の水準以上にする
男性社員…取得率50%以上
女性社員…取得率80%以上 |

対策　○年○月〜　制度について、入社時や研修の際に社員に説明する

出所：両立支援のひろば「一般事業主行動計画公表サイト」をもとに作成

「女性の活躍推進企業データベース」における一般事業主行動計画の策定例

株式会社○○
女性活躍推進法に基づく一般事業主行動計画

　女性の就業継続を促進し、さらに活躍できる職場環境を整備するため、次のように行動計画を策定する。

1. 計画期間　2025年4月1日～2027年3月31日

2. 目標と取組内容・実施時期

目標

> 社員一人当たりの月平均残業時間を20時間以内とする。

＜実施時期・取組内容＞

- 2025年 8月～　全社員を対象として、長時間労働削減、業務効率化に関するアンケートを実施する。

- 2025年10月～　アンケート結果を分析し、全社員が閲覧できる場所に掲示するとともに、結果を踏まえた課題、施策を経営会議の議題とする。

- 2026年 4月～　部門ごとの平均残業時間を毎月集計し、社内イントラネットでいつでも確認できるようにする。また、残業時間を減らす方針を社長から提示し、各部門において部門長から残業時間削減のための取組みを示す。

- 2026年10月～　フレックスタイム制度等、柔軟な働き方を可能にする制度導入の検討開始。

- 2027年 1月～　柔軟な働き方を可能にする制度を導入する。

出所：女性の活躍推進企業データベース「一般事業主行動計画の策定例」をもとに作成

10 加点項目②くるみん・えるぼし

補助金・助成金を申請するための準備

一部の補助金申請で加点の対象となる「くるみん・えるぼし」加点について解説します。

◆ くるみん・えるぼし加点とは

　小規模事業者持続化補助金などでは、加点項目の1つとして**くるみん・えるぼし加点**があります。いずれも女性が活躍する企業に与えられる認定であり、「第16回小規模事業者持続化補助金　公募要領」では、下記のような説明がされています。

次世代育成支援対策推進法(次世代法)に基づく「くるみん認定」を受けている事業者、もしくは女性の職業生活における活躍の推進に関する法律(女性活躍推進法)に基づく「えるぼし認定」を受けている事業者に対して、採択審査時に政策的観点から加点(＝くるみん・えるぼし加点)を行います。
政策加点の⑥一般事業主行動計画策定加点にも該当し選択されている場合は、重点政策加点分のみ加点されますのでご注意ください。
＜必要な手続＞
✓　希望する枠及び加点項目(様式2)の「4.くるみん・えるぼし加点」を選択。
✓　基準適合一般事業主認定通知書の写しを提出。

　くるみん認定およびえるぼし認定は、「ものづくり補助金」や「IT導入補助金」などの大型補助金において、加点対象となる項目として位置付けられております。これらは、女性の活躍推進を目的とした制度であるため、認定の有無をご確認いただくことをおすすめします。

◇「くるみん」とは

　「くるみん」は「子育てサポート企業」として一定の基準を満たした企業が、厚生労働大臣から受けられる認定です。認定基準は以下のとおりです。

- 「一般事業主行動計画」を策定し、「両立支援のひろば」で公表していること
- 男性の育児休業取得率が7％以上、または育児休業等取得者が一定割合を超えること
- 時間外労働の適正化（労働時間の短縮）
- 子育て支援に関する取り組みを行っていること
- その他の法令遵守（育児・介護休業法など）

　この認定を受けた企業は、「くるみんマーク」を広告等に掲示することができるようになります。くるみんマークは、その企業が従業員が安心して仕事と家庭を両立できる環境づくりに努めている証といえるでしょう。

くるみんマーク

出所：厚生労働省サイト

◆「えるぼし」とは

「えるぼし」は「女性が活躍する企業」として一定の基準を満たした企業が、厚生労働大臣から受けられる認定です。採用、継続就業、労働時間等の働き方、管理職比率、多様なキャリアコースの5つの基準により判断されます。

えるぼしには基準の達成度合によって3つの段階があります。さらに、えるぼし認定企業のうち一般事業主行動計画の目標達成や女性の活躍推進に関する取り組みの実施状況が特に優良であるなどの一定の要件を満たした場合は**プラチナえるぼし**に認定されます。

また、くるみん認定と同様に、えるぼしの取得企業はえるぼしマークを広告等に掲示できるようになります。これらを取得することは、学生からのイメージアップであったり、優秀な従業員への採用につながります。

えるぼしマーク

出所：厚生労働省サイト

11 加点項目③ パートナーシップ構築宣言

補助金・助成金を申請するための準備

ものづくり補助金などで加点の対象となる「パートナーシップ構築宣言」の内容について説明します。

◆ パートナーシップ構築宣言とは？

パートナーシップ構築宣言とは、大企業と中小企業が共存共栄を図りながら、持続可能な取引関係を構築することを目的として、自社の取引方針を宣言する制度です。これにより、企業間の連携を強化し、サプライチェーン全体の発展を促進することが期待されます。

パートナーシップ構築宣言により自社の取組みを宣言することで、一部補助金の加点措置を受けられるようになったり、ロゴマークを掲示したりできるようになります。宣言は、ポータルサイトに下記(1)(2)に取り組むことを「代表権のある者の名前」で登録することにより行います。

---

(1) サプライチェーン全体の共存共栄と新たな連携
　　・オープンイノベーション
　　・IT実装
　　・グリーン化　等
(2) 下請企業との望ましい取引慣行（「振興基準」）の遵守
　　特に、取引適正化の重点5課題について宣言します。
　　①価格決定方法
　　②型管理などのコスト負担
　　③手形などの支払条件
　　④知的財産・ノウハウ
　　⑤働き方改革等に伴うしわ寄せ

◇ 受けられる加点措置

　パートナーシップ構築宣言を宣言・公表した企業は、以下の補助金について加点措置が受けられる等、優遇措置が受けられるようになりました。

・ものづくり補助金
　（中小企業が新製品・新サービスの開発、生産プロセスの改善を行う際に利用できる補助金）
・事業再構築補助金
　※事業再構築補助金は、2024年3月の第13回の公募にて終了します。

　これらの補助金は、企業の成長や経営改革を促す重要な支援制度であり、加点措置を受けることで採択の可能性を高めることができます。

◇ 登録方法

　パートナーシップ構築宣言に登録するには、まず公式サイト（https://www.biz-partnership.jp/）から宣言文をダウンロードし、記入要領に基づいて宣言文を作成します。

　次に、企業の基本情報（社名、所在地、担当者など）を登録し、作成した宣言文を添付します。これにより、申請を完了します。

　なお、パートナーシップ構築宣言の宣言文フォーマットは、定期的に更新されるため、必ず最新版をダウンロードして申請するようにしてください。また、申請後も定期的に宣言内容の見直しを行い、継続的な取り組みを推進することが重要です。

パートナーシップ構築宣言文の例

「パートナーシップ構築宣言」

　当社は、サプライチェーンの取引先の皆様や価値創造を図る事業者の皆様との連携・共存共栄を進めることで、新たなパートナーシップを構築するため、以下の項目に重点的に取り組むことを宣言します。

1．サプライチェーン全体の共存共栄と規模・系列等を超えた新たな連携

　直接の取引先を通じてその先の取引先に働きかける（「Tier N」から「Tier N+1」へ）ことにより、サプライチェーン全体での付加価値向上に取り組むとともに、既存の取引関係や企業規模等を超えた連携により、取引先との共存共栄の構築を目指します。その際、災害時等の事業継続や働き方改革の観点から、取引先のテレワーク導入やBCP（事業継続計画）策定の助言等の支援も進めます。

（個別項目）
- a. 企業間の連携（オープンイノベーション、M&A等の事業承継支援　等）
- b. IT実装支援（共通EDIの構築、データの相互利用、IT人材の育成支援、サイバーセキュリティ対策の助言・支援　等）
- c. 専門人材マッチング
- d. グリーン化の取組（脱・低炭素化技術の共同開発、省エネ診断に係る助言・支援、生産工程等の脱・低炭素化、グリーン調達　等）
- e. 健康経営に関する取組（健康経営に係るノウハウの提供、健康増進施策の共同実施　等）

2．「振興基準」の遵守

　親事業者と下請事業者との望ましい取引慣行（下請中小企業振興法に基づく「振興基準」）を遵守し、取引先とのパートナーシップ構築の妨げとなる取引慣行や商慣行の是正に積極的に取り組みます。

①価格決定方法

　不合理な原価低減要請を行いません。取引対価の決定に当たっては、下請事業者と少なくとも年に1回以上の協議を行うとともに、下請事業者の適正な利益を含み、下請事業者における労働条件の改善が可能となるよう、十分に協議して決定します。その際、「労務費の適切な転嫁のための価格交渉に関する指針」に掲げられた行動を適切にとった上で決定します。また、原材料費やエネルギーコストの高騰があった場合には、適切なコスト増加分の全額転嫁を目指します。なお、取引対価の決定を含め契約に当たっては、契約条件の書面等による明示・交付を行います。

②型管理などのコスト負担

　「型取引の適正化推進協議会報告書」に掲げられている「型取引の基本的な考え方・基本原則について」や、「型の取扱いに関する覚書」を踏まえて型取引を行い、不要な型の廃棄を促進するとともに、下請事業者に対して型の無償保管要請を行いません。

③手形などの支払条件
　下請代金は可能な限り現金で支払います。手形等で支払う場合には、割引料等を下請事業者の負担とせず、また、支払サイトを60日以内とします。

④知的財産・ノウハウ
　「知的財産取引に関するガイドライン」に掲げられている「基本的な考え方」や、「契約書ひな形」を踏まえて取引を行い、片務的な秘密保持契約の締結、取引上の立場を利用したノウハウの開示や知的財産権の無償譲渡などは求めません。

⑤働き方改革等に伴うしわ寄せ
　取引先も働き方改革に対応できるよう、下請事業者に対して、適正なコスト負担を伴わない短納期発注や急な仕様変更を行いません。災害時等においては、下請事業者に取引上一方的な負担を押し付けないように、また、事業再開時等には、できる限り取引関係の継続等に配慮します。

3．その他（任意記載）
　約束手形の利用の廃止に向けて、大企業間取引も含め、現金払いや電子記録債権への移行に取り組みます。

〇年〇月〇日

　　　企　業　名　　　　　役職・氏名（代表権を有する者）

（備考）
・本宣言は、（公財）全国中小企業振興機関協会が運営するポータルサイトに掲載されます。
・主務大臣から「振興基準」に基づき指導又は助言が行われた場合など、本宣言が履行されていないと認められる場合には、本宣言の掲載が取りやめになることがあります。

出所：パートナーシップ構築宣言サイト「『パートナーシップ構築宣言』のひな形（2024年11月版）」をもとに作成

12 加点項目④健康経営優良法人

補助金・助成金を申請するための準備

ものづくり補助金などで加点の対象となる健康経営優良法人について説明します。

◆ 健康経営優良法人とは？

健康経営優良法人とは、従業員の健康管理を単なる福利厚生ではなく、経営の重要な要素として位置付け、戦略的に取り組む企業を評価・認定する制度です。この制度は、日本健康会議によって認定されており、認定を受けた企業は「健康経営優良法人」としてのロゴマークを使用することができます。これは企業の社会的評価の向上に寄与するだけでなく、自治体や金融機関などから様々なインセンティブを受けることができるというメリットもあります。

健康経営に取り組むことで、従業員の健康維持・向上を促進し、結果として企業全体の生産性向上や業績の安定化につながります。近年では、従業員の健康と企業の成長が密接に関連していることが多くの研究で示されており、企業経営において健康経営の考え方を取り入れることがますます重要視されています。特に、長時間労働の是正やメンタルヘルス対策などが重視される中で、健康経営の取り組みは企業価値向上の一環としても注目されています。

加点対象の補助金

補助金名称	補助対象	補助内容
ものづくり・商業・サービス生産性向上促進補助金	革新的製品・サービスの開発又は生産プロセス等の改善に必要な設備投資等を支援する	補助率1/2もしくは2/3、補助上限額2,250万円* *従業員数・申請枠・類型により異なる
IT導入補助金	生産性向上に資するITツール（ソフトウェア・サービス等）の導入を支援する	補助率1/2、補助上限額450万円
事業継承・引継ぎ補助金	事業継承を契機とした経営革新的な取組や、専門家を活用した事業の引継ぎを支援する	補助率1/2もしくは2/3、補助上限額600万円* *経営革新事業は一定の賃上げ要件を満たすと最大800万円

Go-tech補助金	中小企業等がものづくり基盤技術及びサービスの高度化に向けて、大学・公設試と連携して行う研究開発を最大3年間支援する	中小企業等は補助率2/3以内 通常枠：最大9,750万円 出資獲得枠：3年間合計3億円以下
事業再構築補助金	新市場進出、事業・業種転換、国内回帰等、事業再構築を行う事業者を支援する	中小企業は補助率1/2〜3/4、補助上限額500万円〜5億円 ※従業員数・申請枠により異なる

健康経営優良法人のロゴマーク

資料提供：健康経営優良法人認定事務局

認定法人のうち、特に優れた健康経営に取り組んでいる中小規模法人については、上位500法人には「ブライト500」、上位501〜1500法人にはネクストブライト1000の冠を付加しています。

◇ 認定のメリット

健康経営優良法人の認定を受けることで、以下のようなメリットがあります。

①企業イメージの向上

健康経営に取り組む姿勢が社外に評価され、取引先や顧客からの信頼を得やすくなります。また、優秀な人材の採用や定着にもつながる可能性があります。

②金融機関からの優遇措置

一部の金融機関では、健康経営優良法人に対する融資の金利優遇措置などを提供しており、資金調達の面で有利になることがあります。

③補助金申請時の加点

ものづくり補助金や事業再構築補助金などの申請時に、健康経営優良法人の認定が加点要素となることがあり、補助金の採択率向上が期待できます。

④従業員の健康維持と生産性向上

健康経営の取り組みによって、従業員の健康意識が高まり、病気の予防や健康管理が進むことで欠勤率の低下、業務パフォーマンスの向上が見込めます。

◇ 申請について

健康経営優良法人の申請期間は年度ごとに定められており、2025年度の詳細は未定となっています。

2024年度実績で、認定料は16,500円(税込)です。認定要件(2025年案)は、詳細は未確定ですが、例年、従業員の健康診断受診率やストレスチェックの実施、禁煙対策、ワークライフバランスの推進などが重要な評価基準となっています。

健康経営優良法人 2025（中小規模法人部門）認定要件

大項目	中項目	小項目	評価項目	認定要件 中小規模法人部門	認定要件 小規模法人特例
1. 経営理念・方針			健康宣言の社内外への発信及び経営者自身の健診受診	必須	必須
2. 組織体制			健康づくり担当者の設置	必須	必須
			（求めに応じて）40歳以上の従業員の健診データの提供	必須	必須
3. 制度・施策実行	(1)従業員の健康課題の把握と必要な対策の検討	健康課題に基づいた具体的な目標の設定	健康経営の具体的な推進計画	必須	健康経営の具体的な推進計画〜左記③のうち2項目以上
		健康課題の把握	①定期健診受診率（実質100%）	左記①〜③のうち2項目以上	
			②受診勧奨の取り組み		
			③50人未満の事業場におけるストレスチェックの実施		
	(2)健康経営の実践に向けた土台づくり	ヘルスリテラシーの向上	④管理職または従業員に対する教育機会の設定	左記①〜⑮のうち13項目以上　ブライト500・ネクストブライト1000は	左記④〜⑦のうち1項目以上	左記④〜⑦のうち1項目以上
		ワークライフバランスの推進	⑤適切な働き方実現に向けた取り組み		
		職場の活性化	⑥コミュニケーションの促進に向けた取り組み		
		仕事と治療の両立支援	⑦私病等に関する復職・両立支援の取り組み（⑬以外）		
	(3)従業員の心と身体の健康づくりに関する具体的対策	具体的な健康保持・増進施策	⑧保健指導の実施または特定保健指導実施機会の提供に関する取り組み		左記⑧〜⑮のうち4項目以上	左記⑧〜⑮のうち3項目以上
			⑨食生活の改善に向けた取り組み		
			⑩運動機会の増進に向けた取り組み		
			⑪女性の健康保持・増進に向けた取り組み		
			⑫長時間労働者への対応に関する取り組み		
			⑬メンタルヘルス不調者への対応に関する取り組み		
		感染症予防対策	⑭感染症予防に関する取り組み		
		喫煙対策	⑮喫煙率低下に向けた取り組み		
			受動喫煙対策に関する取り組み	必須	必須
4. 評価・改善			健康経営の取り組みに対する評価・改善	必須	必須
5. 法令遵守・リスクマネジメント（自主申告）※誓約事項参照			定期健診を実施していること、50人以上の事業場においてストレスチェックを実施していること、労働基準法または労働安全衛生法に係る違反により送検されていないこと、等	必須	必須

出所：健康経営優良法人2025年認定要件案

13 加点項目⑤事業継続力強化計画

補助金・助成金を申請するための準備

防災・減災の事前対策に関する計画についての認定を受けられる「事業継続力強化計画」について解説します。

◇ 概要

事業継続力強化計画とは、中小企業が自然災害や感染症、サイバー攻撃などのリスクに備え、事業の継続や早期復旧を図るための計画のことを指します。経済産業省が推進している制度であり、企業が計画を策定し、認定を受けることで様々なメリットを得ることができます。

メリットの1つが、補助金や税制優遇を受けやすくなることです。例えば、ものづくり補助金、事業再構築補助金、IT導入補助金、事業承継・引継ぎ補助金では加点対象になります。

また、防災・減災に関する低利融資を活用できるようになります。日本政策金融公庫などの特別融資を利用できる場合もあります。

◇ 事業継続力強化計画の申請の流れ

事業継続力強化計画の申請は、計画書を添付するのではなく、各項目を直接入力する形式となっています。そのため、申請前に必要な情報を整理し、準備を進めることが重要です。

まず、申請は電子申請で行われるため、事業継続力強化計画の「申請用計画作成補助ツール」をダウンロードし、必要な入力項目を事前に確認しておきます。このツールを活用することで、スムーズに申請を進めることができます。ツールの詳細やダウンロードは、中小企業庁の専用ページから確認できます（サイトURL：https://kyoujinnka.smrj.go.jp/guidance/application.html）。

次に、自社の災害リスクを把握することが必要です。地震に関するリスクについては、**J-SHISハザードステーション**を利用し、地図検索を通じて自社の所在地における地震発生の確率を確認します（サイトURL：https://www.j-shis.bosai.go.jp/map/）。また、洪水や津波などのリスクについては、国土交通省の**ハザードマップポータルサイト**で調査し、ハザードマップを参照することで、想定される被害の程度を把握することができます（サイトURL：

https://disaportal.gsi.go.jp/index.html）。これらの情報をもとに、「事業活動に影響を与える自然災害の想定」欄へ具体的な数値やリスク内容を入力します。

　例えば、兵庫県神戸市における地震のリスクとしては、今後30年以内に震度6弱以上の地震が発生する確率が17.9%であることがJ-SHISの地図から確認できます。また、河川の氾濫が発生した場合、50cmから3mの浸水が想定される区域であることが、国土交通省のハザードマップから判断できます。

　災害リスクの把握ができたら、その中で事業活動に最も影響を与える可能性の高い自然災害を特定し、対応策を立てます。例えば、地震であれば地震に対する備えを考えます。

　電子申請を行うためには「G-BizID」が必要になります。これがなければ申請を進めることができないため、事前に取得し、ログインできる状態にしておくことが求められます。

　以上の流れで、申請に必要な準備を進めていきます。各ステップを確認しながら、円滑に申請手続きを進めてください。

◆ 事業継続力強化計画のポイント

　事業継続力強化計画の策定は次のような手順で行います。

①災害やリスクの特定

　地震、台風、大雨、感染症、サイバー攻撃など、自社に影響を及ぼすリスクを洗い出します。

②事前対策の検討と実施

　事前対策として、設備の耐震化、バックアップ体制の整備、従業員の避難訓練、データのクラウド化などを計画します。

③緊急時の対応計画の策定

　事業の優先度を決め、緊急時の指示系統や連絡手段を確立します。

④早期復旧の仕組みを作る

　サプライチェーンの代替ルートを考える、取引先との連携を強化するなど、素早い復旧のための準備をします。

計画認定のスキーム

中小企業・小規模事業者

[連携して計画を実施する場合：大企業や経済団体等の連携者]

①計画を策定し申請　②認定

経済産業大臣（地方経済産業局）

認定を受けた企業に対する支援策

- ロゴマークの活用（HPや名刺等での認定のPRが可能）
- 低利融資等の金融支援
- 防災・減殺設備に対する税制措置
- 補助金の加点措置
- 中小企業庁HPでの認定企業公表

出所：中小企業庁「中小企業等経営強化法 事業継続力強化計画認定制度の概要」をもとに作成

補助金・助成金を申請するための準備

電子申請入力項目

電子申請時に役立つ情報や、入力内容を準備する際のポイントについて説明します。

◆ 電子申請入力項目を準備する上で役に立つサイト

　電子申請をスムーズに進めるためには、事前に必要な入力項目を準備しておくことが重要です。補助金申請の際には、申請マニュアルを確認し、入力画面や具体的な入力内容を把握することが推奨されます。また、入力作業を効率化するために、必要な情報を事前に整理しておくと、申請手続きがスムーズになります。

　電子申請入力項目を準備する上で役に立つサイトは、以下のとおりです。

①業種の調べ方

　電子申請では「業種」について記入を求められることが一般的です。業種の分類については、**日本標準産業分類**を参考にするとよいでしょう。日本標準産業分類では、大分類に基づいて業種が整理されており、適切な業種を選択する際の参考になります。業種分類を調べる際には、**e-Stat**（統計でみる日本）の分類検索システムを利用すると便利です。
URL：https://www.e-stat.go.jp/classifications/terms/10

②法人番号の調べ方

　法人として申請を行う場合、**法人番号**の記入を求められることがあります。法人番号は、国税庁の法人番号公表サイトで検索可能です。
URL：https://www.houjin-bangou.nta.go.jp/

◆ 電子申請で入力内容を一時保存する方法

　電子申請を効率的に進めるためには、入力画面上の一時保存機能を活用するのが有効です。入力途中で保存することで、締切直前に焦って入力することを避けることができます。また、不明点が発生した場合でも、一旦保存してから後で確認し、正確な情報を入力することが可能になります。

◆ 画面の入力内容を事前に準備

　入力内容を事前に準備しておくことで、申請作業を大幅に簡略化できます。特に、WordやExcelを活用して入力項目を整理しておくと、コピー＆ペーストで申請作業がスムーズに進みます。

　ものづくり補助金などの大型補助金では、申請様式に入力項目が含まれている場合もあります。その場合は、申請様式をダウンロードし、必要事項を事前に入力しておくのがよいでしょう。申請様式の最新情報については、公式サイトを確認してください。

◆ 電子申請マニュアル（応募申請）

　オンラインでの申請では、事前に公開される「電子申請マニュアル」が役立ちます。目を通すだけでも、申請時の画面の操作イメージをつかむことができるので、PCでの操作に不安がある方も安心です。ただし、「スマホやタブレットでの申請はできない」など注意事項も書かれている場合があります。申請当日は手元にマニュアルを置いて確認しながら進めるとよいでしょう(例：中小企業省力化投資補助金の電子申請マニュアル)。

補助金・助成金を申請するための準備 2
⑭電子申請入力項目

画面入力項目の準備の例

入力事項		入力内容	備考
事業形態	必須		法人または個人を選択
法人名/屋号	必須		（法人）履歴事項全部証明書に記載されている会社名
法人名/屋号（カナ）	必須		（個人）入力不要
本社所在地/印鑑登録証明書住所（郵便番号）	必須		（法人）履歴事項全部証明書に記載されている本店の所在地（個人）居住地
本社所在地/印鑑登録証明書住所（都道府県）	必須		
本社所在地/印鑑登録証明書住所（市区町村）	必須		
本社所在地/印鑑登録証明書住所（番地等）	必須		
本社所在地/印鑑登録証明書住所（建物名）	任意		
代表者名/個人事業主名（姓）	必須		
代表者名/個人事業主名（名）	必須		
代表者名/個人事業主名（セイ）	必須		
代表者名/個人事業主名（メイ）	必須		
代表者連絡先	必須		日中繋がる電話番号
代表者メールアドレス	必須		日中繋がるE mail
資本金	必須		（法人）履歴事項全部証明書に記載されている資本金（個人）入力不要
従業員数	必須		パート・アルバイトは除いた人数
主たる業種	必須		売上高構成比が最も高い事業の業種

出所：新たな事業環境に即応した経営展開サポート事業 事務局「令和6年度 新たな事業環境に即応した経営展開サポート事業助成金（一般コース）電子申請マニュアル ～プレ申請～」をもとに作成

アトツギ甲子園とは？

　アトツギ甲子園は、中小企業庁が主催する39歳以下の中小企業後継者（親族外承継も含む）を対象としたビジネスプランコンテストです。このイベントの目的は、事業承継を促進し、後継者の新たな挑戦を支援することです。参加者は、先代から受け継ぐ経営資源を活用して新規事業アイデアを提案し、競い合います。

　開催形式としては、全国を複数のブロックに分けて地方予選大会を実施し、地方予選を勝ち抜いた後継者が決勝大会に進出します。

　最優秀賞受賞者には、「経済産業大臣賞の授与」と「公式サイト特設ページへの掲載」の特典があります。ファイナリストや参加者にも、後継者コミュニティへの参加など、様々な特典が用意されています。

　書類審査を通過した、地方予選大会出場者には、補助金の優遇措置があります。具体的には、事業再構築補助金、ものづくり補助金、事業承継・引継ぎ補助金、成長型中小企業等研究開発支援事業（Go-Tech事業）における優遇措置ほか、地方予選大会までの事業ブラッシュアップや事業のPR、審査委員からのアドバイス等の特典もあります（公式サイト：https://atotsugi-koshien.go.jp/about/）。

アトツギ甲子園の審査基準

新規性	製品やサービスに新規性、独自性、イノベーションの可能性があるか。
持続可能性	中長期的な収益や成長が期待でき、持続可能な事業か。
社会性	社会課題を解決する、もしくは社会的意義がある事業か。
承継予定の会社の経営資源活用	承継予定の会社の有形無形の経営資源を有効に活用できている事業か。
熱量・ストーリー	後継者として当該事業を遂行する背景や情熱を持ち合わせているか。

出所：アトツギ甲子園公式サイト

③ 事業計画書の作り方

本章では補助金・助成金の申請で必要となる「事業計画書」の作り方について解説します。自社の経営分析の方法から、事業内容の決め方や市場規模の調査方法、売上計画の立て方まで具体的に紹介します。

01 事業計画書の作り方
内部環境（自社の強み・弱み）を分析する

事業計画書の作成にあたり必要となる、自社の内部環境の分析方法について解説します。

◇ 経営状況を把握することが重要

　事業計画書は自社の事業内容や経営方針、売上の立て方などを説明する書類のことで、補助金や助成金の申請において提出が求められます。

　事業計画書を書く際には、まず自社の経営状況について把握することが重要です。その方法の1つとして、内部環境（強み・弱み）、外部環境（機会・脅威）を分析する**SWOT分析**があります。これを実施することで、自社の現状や今後の課題、成長のチャンスを明確にできます。本節では、特に自社の「強み」と「弱み」に焦点を当てて解説していきます。

◇「強み」を書くことは審査ポイントの1つ

　小規模事業者持続化補助金の公募要領によると、審査の観点に「自社の強みを把握しているか」「経営方針・目標と今後のプランは、自社の強みを踏まえているか」が審査ポイントとなっています。そのため、事業計画書には「強み」をわかりやすく、また「強みをどう事業に活かすか」を明確に書いていくことが重要です。

　「強み」が見つからないということもあるかと思います。そういう場合は、次の視点から考えてみましょう。「人・もの・金・情報（経験、知識、ノウハウ）」の切り口から探してみることがポイントです。

①市場・競合との比較
　・競合と比べてどこが優れているか？
　・他にはない特徴や技術、サービスはあるか？

②自社のリソース
- 代表・経営陣・スタッフのスキルや経験
- 独自の仕入れルートやネットワーク
- 特許・技術力・ブランド力

③顧客視点
- 既存顧客が評価しているポイント
- 「この店だから選んでいる」と言われる理由

　また、「弱み」は「強み」の裏返しで考えてみましょう。例えば「在庫が多い」「人件費がかかっている」など損益計算書や貸借対照表といった財務諸表からも抽出することも効果的です。

　弱みについても単に列挙するのではなく、「補助金を活用してどのように弱みを克服し、事業成長につなげるか」を具体的に説明することが求められます。例えば、低い生産性や設備の老朽化といった課題がある場合、それを補助金で新しい設備を導入することで解決し、経営力を向上させる計画を示すと効果的です。

強み・弱みの例

強み	弱み
品質、デザイン力、短納期（小回りが利く）、人脈、技術力、〇〇経験の豊富さ、特許、立地など	アプリの知名度の低さ、人件費のコスト、在庫過多など

小規模事業者持続化補助金の公募要領

経営計画・補助事業計画について、以下の項目に基づき加点審査を行い、総合的な評価が高いものから順に採択を行います。

①自社の経営状況分析の妥当性
・自社の経営状況を適切に把握し、自社の製品・サービスや自社の強みも適切に把握しているか。

②経営方針・目標と今後のプランの適切性
・経営方針・目標と今後のプランは、自社の強みを踏まえているか。
・経営方針・目標と今後のプランは、対象とする市場（商圏）の特性を踏まえているか。

③補助事業計画の有効性
・補助事業計画は具体的で、当該小規模事業者にとって実現可能性が高いものとなっているか。
・販路開拓を目指すものとして、補助事業計画は、経営計画の今後の方針・目標を達成するために必要かつ有効なものか。
・補助事業計画に小規模事業者ならではの創意工夫の特徴があるか。
・補助事業計画には、ITを有効に活用する取組が見られるか。

④積算の透明・適切性
・補助事業計画に合致した事業実施に必要なものとなっているか。
・事業費の計上・積算が正確・明確で、真に必要な金額が計上されているか。

※過去、中小企業生産性革命推進事業にて実施した「小規模事業者持続化補助金」で採択を受けて補助事業を実施した事業　者については、全体を通して、それぞれ実施回の事業実施結果を踏まえた補助事業計画を作れているか、過去の補助事業と比較し、明確に異なる新たな事業であるか、といった観点からも審査を行います。

※より多くの事業者に補助事業を実施いただけるよう、過去の補助事業（全国対象）の実施回数等に応じて段階的に減点調整を行います。

出所：商工会議所地区小規模事業者持続化補助金事務局「小規模事業者持続化補助金＜一般型＞第16回公募」

02 事業計画書の作り方

外部環境（機会と脅威）を分析する

自社の経営状況を把握する際に役立つ外部環境の分析方法について解説します。

◆ 機会・脅威の分析

　補助事業(補助金で実施したい事業)を進めるにあたり、自社の経営状況を把握し、外部環境がもたらす機会と脅威を分析することは非常に重要です。この分析を通じて、自社の事業がどのような外部要因によって影響を受けるのかを明確にし、補助金を活用する上での戦略的な方向性を定めることができます。

　外部環境は、自社が直接コントロールすることはできませんが、補助事業の成功に大きく影響を与えます。そのため、環境要因を整理し、プラスに働く要素(**機会**)とマイナスに働く要素(**脅威**)を明確にすることが必要です。

◆ 機会(Opportunities)の分析

　機会とは、外部環境の変化によって、自社の事業にとって有利に働く要素のことを指します。これらの要因を上手く活用することで、事業の成長や拡大を促進できます。機会を分析するときの具体的な切り口としては、以下のようなポイントが考えられます。

①市場の成長性

　補助事業の対象となる市場が成長市場であるかどうかを見極めることが重要です。例えば、環境関連ビジネスやデジタル技術を活用したサービスなど、成長が見込まれる分野では、新規参入のチャンスが多く存在します。

②経済的環境(景気)

　経済状況の変化は、消費者や企業の購買意欲に影響を与えます。例えば、政府の景気刺激策や補助金制度の拡充などが、自社の補助事業にとってプラスに働く可能性があります。

③自然的環境（感染症や気候変動）

COVID-19のような感染症の流行や気候変動の影響により、新たなビジネス機会が生まれることがあります。例えば、リモートワーク支援サービスや環境に配慮した製品開発などが市場で求められています。

④技術的環境（情報通信技術の進化）

デジタル技術の進歩により、ビジネスのあり方が大きく変化しています。AI、IoT、ビッグデータの活用が進むことで、これまでになかった新しいビジネスモデルが生まれる可能性があります。

⑤人口動態（少子高齢化）

日本では少子高齢化が進行しており、高齢者向けのサービスや労働力不足を補う自動化技術のニーズが高まっています。こうしたトレンドを活かした事業展開が求められます。

⑥顧客ニーズの変化

消費者の価値観やライフスタイルの変化により、新たな需要が生まれます。例えば、サステナブルな商品や健康志向の高まりに対応したサービスは、成長が期待できる分野です。

◆ 脅威（Threats）

一方で、脅威とは外部環境の変化によって、自社の事業にマイナスの影響を与える要素のことを指します。分析をするときの具体的な切り口としては、以下のようなポイントが考えられます。

①市場の縮小・競争激化

成長が鈍化している市場では、競争が激化し、価格競争が発生しやすくなります。

②景気の悪化

不況時には消費が低迷し、売上の減少が懸念されます。

③規制や法改正の影響

補助事業を進める上で、法規制の変更や新たな制度の導入が障壁となる場合があります。

④技術の急速な進化

技術の発展が早すぎる場合、現在の技術やビジネスモデルが陳腐化し、競争力を失うリスクがあります。新しい技術に対応できる体制を整えることが求められます。

⑤労働力不足と人材確保の難しさ

特に専門的なスキルを持つ人材の確保が難しくなっており、採用コストの上昇が事業の負担となる可能性があります。

⑥自然災害やパンデミックの影響

地震や台風などの自然災害、あるいは新たな感染症の流行は、サプライチェーンや事業活動に深刻な影響を与える可能性があります。

⑦競合の動向

競合が新たな技術やサービスを投入することで、自社の市場シェアが奪われるリスクがあります。

⑧消費者ニーズの多様化と変化のスピード

消費者の価値観やライフスタイルが多様化し、ニーズの変化も加速しています。これに対応できなければ、商品やサービスが選ばれなくなるリスクがあります。常に市場の声を敏感に捉える体制が求められます。

⑨原材料・エネルギーコストの高騰

世界的な情勢不安や環境問題への対応により、原材料やエネルギーの価格が不安定化しています。コスト増は利益率の悪化につながり、価格転嫁が難しい場合には経営に大きな負担となる可能性があります。

◆ SWOT分析の活用

　機会と脅威の分析を踏まえ、自社の強みや弱みと組み合わせたSWOT分析を行うことで、補助事業を成功させるための具体的な戦略を立案することが可能です。例えば、以下のように外部環境の変化を正しく分析し、適切な戦略を策定することで、補助事業の成功につなげることができます。

・強み×機会(SO戦略)：自社の強みを活かし、成長市場や新技術を積極的に取り入れる。
・強み×脅威(ST戦略)：競争力を高めることで、外部の脅威に対抗する。
・弱み×機会(WO戦略)：不足している部分を補いながら、チャンスを活かす。
・弱み×脅威(WT戦略)：リスクを最小限に抑えるための対策を講じる。

SWOT分析の例

	機会（外部環境） 健康志向の高まり	脅威（外部環境） 競合の参入
強み（内部環境） 豊富なシステム開発経験	豊富なシステム開発経験を活かして、健康管理システムを開発する	高付加価値な血圧計測装置を開発し、収益性の改善を図る
弱み（内部環境） 販売促進力不足	デジタルマーケティングを強化、V字回復を図る	ハードウェア販売を縮小する

自社の情報について書く

事業計画書の自社の情報の欄の書き方とポイントについて解説します。

自社の理念を盛り込む

　事業計画書には自社の情報を記載する欄があります。記載する際には単に事業内容を述べるだけでなく、会社の経営理念や創業の背景、想いを盛り込むことが大切です。これにより、説得力のある内容になります。以下の要素を意識して、具体的に記述しましょう。

①創業の想い
　どのような想いで会社を立ち上げたのかを明確に伝えることが重要です。創業者が抱いた課題意識や、社会にどのような価値を提供したいと考えたのかを具体的に記載しましょう。
　例：「当社は『人々の暮らしをより快適にする』という信念のもとに創業しました。」

②過去の経歴（活かせる強みも含めて）
　創業者や経営陣の経歴を紹介し、どのような経験やスキルが事業に活かされているのかを説明します。これにより、事業の信頼性や実現可能性が高まります。
　例：「創業者は長年○○業界に従事し、商品開発やマーケティングの経験を積んできました。その経験を活かし、より高品質なサービスの提供を目指しています。」

③会社の沿革（事業承継なども含めて）
　会社の成り立ちや、これまでの成長過程を示すことで、事業の継続性や発展性を伝えることができます。事業承継がある場合は、どのように引き継がれたのかも明記しましょう。
　例：「当社は創業から○年、○○業界で事業を展開してきました。近年では、次世代に向けた新しいビジネスモデルの開発にも注力し、△△しています。」

④ミッション、ビジョン、バリュー

会社の経営理念を表現するために、**ミッション**、**ビジョン**、**バリュー**を整理すると、より強い経営理念を伝えることができます。ミッションとは「企業が果たすべき使命や目的（理念）」、ビジョンとは「将来的に目指す理想の状態（ありたい姿）」、バリューとは「企業として大切にすべき価値観（行動指針）」と捉えましょう。

◆ 3C分析

3C分析とは、自社（Company）、顧客・市場（Customer）、競合（Competitor）の特徴を整理して分析することです。お客様や競合を意識することで、自社の強みを再発見することもありますので、自社の情報が出てこないときは、先に顧客や競合を考えてみるとよいでしょう。

自社分析（Company）では、自社の現状や保有するリソース（ヒト・モノ・カネ・情報）および組織としての能力を分析します。具体的には、売上高、収益性、技術力、製品・サービスの品質、組織体制、情報システムなど多角的な視点から振り返ります。この際、強みだけでなく、課題や改善点といった弱みの把握も重要です。

顧客分析（Customer）では、自社の商品・サービスを購入している顧客や、今後の見込み顧客、市場全体について分析します。お客様の声からニーズを読み取るほか、最新のトレンド、ペルソナ（理想の顧客像）、市場規模や成長性などを把握することで、ターゲット層の明確化や商品開発に役立てます。

競合分析（Competitor）では、同じ市場で競合する他社や類似サービスを提供する企業について分析します。近隣の競合店や業界の主要プレイヤーの動向・特徴を把握し、自社との違いや強み・弱みを比較します。競合の施策やポジショニングを理解することで、自社の差別化ポイントや戦略立案に活かします。

ミッション・ビジョン・バリュー

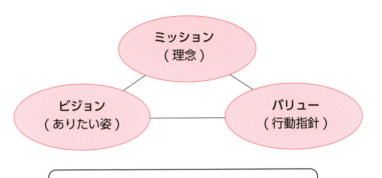

3C分析

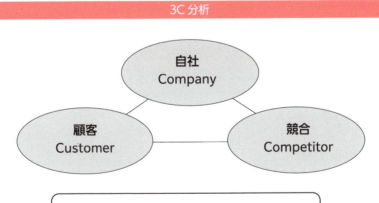

04 事業計画書の作り方
補助事業（補助金で実施する事業）を考える

補助事業の内容をどのように考えればよいかについて解説します。

◆「Who」「What」「How」を意識

　補助金で実施する事業を**補助事業**といいます。補助事業を考える際には、「Who（誰に）」、「What（何を）」、「How（どのように）」を意識することで、より具体的かつ整理された計画を立てることができます。

① Who「誰に」

　まず、誰をターゲット顧客とするのかを明確にします。例えば、単に「40代の人」や「40代の女性」とするのではなく、「40代で流行に敏感な女性」などのように、もう少し細かく属性を定めることで、より効果的なマーケティングが可能になります。

　具体的な顧客像「ペルソナ」を設定することも有効です。例えば、「35歳女性、都内在住、旅行好き、健康に気を使いながらも美味しいものを楽しみたい」といったように、ターゲットの特徴を細かく描くことで、事業の方向性が明確になります。

② What「何を」

　次に、提供する商品やサービスの内容を記載します。図表の例のように、「地元の観光案内も兼ねた訪日外国人客向け喫茶店」といった形で記載しましょう。

③ How「どのように（実現方法）」

　商品やサービスの実現方法を考えます。ここでは、128ページで紹介したSWOT分析で把握できた強みと機会をどう活かせるかを検討していきます。機会に対して強みを活かせる事業を行いましょう。

ターゲットの切り口と例

切り口	属性	例
地理的基準	都道府県 地方	47都道府県のどれか 関東、関西
人口密度	地方、都心部	
人口統計的基準	年齢	20代後半～30代前半など 高齢者、若年層
性別	男性、女性	
家族構成	既婚、未婚	
心理的基準	ライフスタイル	アウトドア好き、健康志向

補助事業の例

Who/What/How	例
誰に	米国や欧米など英語圏から来る訪日客
何を	地元の観光案内も行う訪日外国人向け喫茶店
どのように	**機会**：昨今の「インバウンドブーム」に対して **強み**：店長の高い翻訳力、コミュニケーション力を活かして **実現方法**：・英語対応メニューの作成 ・多言語での観光案内を行う ・地元の名産品を活かしたメニューを提供 ・SNSを活用し、訪日外国人向けに情報を発信 ・体験型イベント（茶道体験、地元食材を使った料理教室など）を定期開催

事業計画書の作り方

実施計画を作成する

補助事業の実施計画の作成方法とポイントについて解説します。

◇ 補助事業の実施計画

　補助事業の内容が決まったら、その実施計画、将来の事業化計画を事業計画書に記載していきます。実施計画では、補助金を活用するにあたり、スムーズな実施とその後の事業化を目指すため、各フェーズの取り組み内容を明確にします。補助金の支給対象となるのは、交付決定後に発注された費用であるため、計画策定時にこの点を反映させることが重要です。

　補助事業終了後5年間の事業化スケジュール例を以下に示します。

---

①販売促進活動の実施
- ・地元雑誌やオンラインメディアを活用し、認知度向上を図る。
- ・初年度から継続的に実施し、ブランド力を確立。

②営業体制の強化と増員
- ・補助事業終了後の拡大を見据え、2年目から営業担当者の増員を計画。
- ・営業研修を実施し、専門性を向上させる。

③県外市場への展開
- ・3年目から県外市場へのアプローチを本格化。
- ・販売チャネルの開拓や新規顧客の獲得を進める。

◆ SMARTの原則

　事業計画書の「今後の展望」などの計画や目標を立てづらいこともあるかもしれません。そのような場合は、**SMARTの原則**を使うと、より説得力のある計画書に仕上がります。

① Specific（具体的）
　計画の目的や目標を明確に記載します。
　例：「初年度に月間売上100万円を達成するために新規顧客を月30人獲得する」

② Measurable（測定可能）
　成果を測定できるよう、具体的な数値や指標を設定します。
　例：「予約率を20％向上させる」や「SNSフォロワー数を3,000人に増やす」

③ Achievable（達成可能）
　実現可能な目標を設定し、過度に楽観的でない現実的な計画を立てます。
　例：「新商品導入により、既存顧客の平均購入単価を10％向上させる」

④ Relevant（関連性のある）
　事業の全体的なビジョンや戦略に関連した目標を設定します。
　例：「地域密着型サロンとしてのブランド力を高めるための地元イベント参加」

⑤ Time-bound（期限付き）
　明確な期限を設けて目標達成を目指します。
　例：「6か月以内にリニューアルオープンし、初月に20万円の利益を達成する」

策定例（設備導入の場合）

取り組み内容	責任者	XXXX年							
		5月	6月	7月	8月	9月	10月	11月	12月
見積の最終調整、機器の発注	A	→	→	→★発注					
機器の納品・設置	B		→						
試験運用	B				→	→	→	→	
機器利用研修	A						→	→	→
本格運用【補助事業完了】	A								→

策定例（営業力強化の場合）

取り組み内容	主担当	補助事業	1年後	2年後	3年後	4年後	5年後
地元雑誌で販売促進活動	A	→	→	→	→	→	→
営業体制の強化・増員	C			→	→	→	→
県外へエリア開拓	A				→	→	→

事業計画書の作り方

課題を抽出する

事業計画に説得力を持たせることのできる課題の抽出方法について解説します。

◆ 課題とは？

　事業を成功へと導くためには、現状と目標のギャップを明確にし、その差を埋めるための対応策を検討することが求められます。事業計画を策定する際にも、明確な目標を立て、達成するために解決すべき課題を洗い出すことが重要です。課題の明確化とその対応策を事業計画書に具体的に記載することで、計画の実現可能性を高め、補助金の審査員への説得力を持たせることができます。

　課題には、大きく分けて以下の2種類があります。

①短期的な課題

　補助事業が終了するまでの約1年間など、短期間で解決すべき具体的な課題が挙げられます。これには、設備導入やシステム構築、業務の効率化など、すぐに対応が求められる事項が含まれます。

②長期的な課題

　事業の持続的な成長を見据え、5年後に向けて解決すべき課題など、①よりも長期的に解決していく課題が挙げられます。これには、市場での競争力強化や人材確保、ブランドの確立、技術の向上などが該当します。

◆ ものづくり補助金の公募要領にみる課題

　補助金を活用する際には、事業の必要性を明確にすることが求められます。公募要領には、どのような課題を抱えているのか、なぜその課題解決のために補助事業が必要なのかを記載する必要があります。

　例えば、「ものづくり補助金」の第19次公募要領では、事業の目的や課題解決の妥当性が審査のポイントとなります。申請時には、自社が直面している課題と、それを解決するための事業内容を論理的に整理し、審査員に伝わりやすい形で記述することが重要です。

ものづくり補助金の事業計画書作成のポイント（第19次公募要領）

- 事業計画書に記載する内容は、定性的・定量的情報を用いて、具体的な理由や根拠を示しながら詳細に記載ください。必要に応じて図表や写真等を用いてください。
- 自社の現状や置かれている外部環境と内部環境を分析し、それらを踏まえた中長期的なビジョンや目標に向けて、自社がどのような課題を抱えているのかを具体的に示してください。
- 自社の課題に対する具体的な課題解決策を示したうえで、課題解決の手段として本事業に取り組まなければならない理由、本補助事業により機械装置・システム構築等の設備投資等を行わなければならない理由（必要性）を示してください。
- また、本補助事業の設備投資内容（事業期間内に取得する機械装置等の具体的な型番等）、本事業の取組内容（新製品・新サービスの開発内容や海外需要開拓内容等）、成果目標（会社全体の売上高に対する本事業の売上高等）、および達成手段（事業実施能力、事業実施体制、事業実施スケジュール等）を具体的に示してください。
- 製品・サービス高付加価値化枠に申請する場合、開発する製品・サービスの革新性について具体的かつ詳細に記載してください。
グローバル枠に申請する場合、広告宣伝・販売促進費を対象経費に計上する場合においては、ブランディング・プロモーション等のマーケティング戦略を具体的かつ詳細に記載してください。
- 本事業の成果が寄与すると想定している具体的なユーザー、マーケットおよび市場規模等について、その成果の価格的・性能的な優位性・収益性や現在の市場規模も踏まえて記載してください。
- 本事業の成果の事業化見込みについて、目標となる時期・売上規模・量産化時の製品等の価格等について簡潔に記載してください。また、事業実施に必要な運転資本の調達計画があれば記入ください。
- 本事業の実施により達成する付加価値額目標値、給与支給総額目標値、1人あたり給与支給総額目標値、事業所内最低賃金目標値（特例の適用を申請する場合は特例給与支給総額目標値、特例事業所内最低賃金目標値）の算出については、算出根拠を具体的に示してください。本事業計画で示された数値は、補助事業終了後も、毎年度の事業化状況等報告等において達成状況の確認を行います。

出所：ものづくり・商業・サービス生産性向上促進補助金公募要領(第19次公募)

実施体制を検討する

補助事業の実施体制の記載方法とポイントについて解説します。

◆ 補助事業の実施体制

　事業計画書には、補助事業の**実施体制**を記載する必要があります。実施体制は、事業の円滑な遂行と成功を左右する重要な要素であり、明確な組織図や責任の分担を示すことが求められます。補助事業の実施にあたり、体制の明確化は非常に重要です。体制を整えることで、業務の効率化が図られ、責任の所在が明確になり、円滑なプロジェクト運営が可能となります。

　実施体制は、**体制図**という図表を作成して説明します。体制図は、「誰が何をするのか」を図示したもので、次のページのような形で記載します。ものづくり補助金第19次公募(https://portal.monodukuri-hojo.jp/about.html)などでは、体制図の記載が必須になっています。

　現在、一人社長で社員がいない場合であっても、将来的な採用計画を記載することで、事業の発展性や持続可能性を示すことができます。また、外部の協力者(仕入先や委託先)との連携体制についても明確に記述し、事業実現に向けた準備状況を示すことが求められます。

　具体的には、以下の点について記載するとよいでしょう。
・統括者は誰か
・仕入先や委託先はどこか
・統括者や主要メンバーのスキル・経験
・各担当者の役割と責任範囲
・外部専門家との連携

　経営学者アルフレッド・チャンドラーが提唱した「組織は戦略に従う」という言葉があります。これは文字どおり、組織の構造や運営が戦略に沿っているべきだという考えを示しています。補助事業においても、このように適切な体制を構築することが重要です。

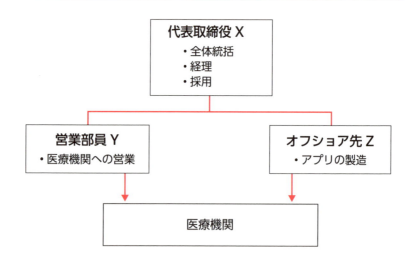

体制図の例2

担当者名	役職	役割	スキル・資格
A	代表取締役	総合統括	ITベンチャー業界での企画業務経験が豊富
B	事業開発部長	事業統括	ITベンチャーでプロジェクトマネジメント経験が豊富
C	事業開発リーダー	統括補佐	金融に関するコンサルティング経験が豊富
D	管理部	経理統括	経理経験が豊富

事業計画書の作り方

業界の動向を調査する

補助事業の業界動向や市場の調査方法とポイントについて解説します。

◆ 成長性を示すための重要なプロセス

　事業計画を策定する際には、補助事業の市場規模や動向などを調査することが求められます。この調査は、その成長性を示すために非常に重要なプロセスです。業界の動向を把握することで、事業の将来性や競争環境を適切に分析し、適切な戦略を立てることが可能になります。業界の調査方法には様々な手法が存在しますが、ここでは主に公的機関の統計データを活用する方法、各種団体が発行する資料を参考にする方法、そして市場調査会社の調査レポートを利用する方法の3つを取り上げます。

①政府統計e-Stat「統計でみる日本」

　まず、公的機関の統計データを利用する方法として、政府統計e-Statを活用することが挙げられます（サイトURL：https://www.e-stat.go.jp/）。e-Statは、日本政府が提供する統計ポータルサイトであり、多種多様なデータが無料で公開されています。このサイトを活用することで、産業全体の動向や特定の市場セグメントに関する統計データを取得し、それをもとに市場の成長性や課題を分析することができます。

②都道府県や観光協会が発行する資料

　都道府県や観光協会などが発行する資料を利用する方法も有効です。地域ごとの市場動向や特定分野のトレンドに関する情報が掲載されており、より具体的なデータを得ることが可能になります。例えば、地方自治体が発行する観光白書や産業レポートを活用することで、地域に根ざした市場分析を行うことができます。
　次のページ上のグラフは国土交通省観光庁の訪日外国人の旅行者数のデータです。このようにデータに矢印を加えることで、審査員にもわかりやすく市場の回復状況を伝えることができます。

③**市場調査会社のレポートやプレスリリース**
　市場調査やマーケティングリサーチを行う企業・団体の市場調査レポート（一部有料）を利用する方法もあります。専門家による詳細な分析や将来の市場予測が含まれており、信頼性の高い情報を得ることができます。これにより、事業計画の精度を高め、より説得力のある市場分析を行うことが可能になります。

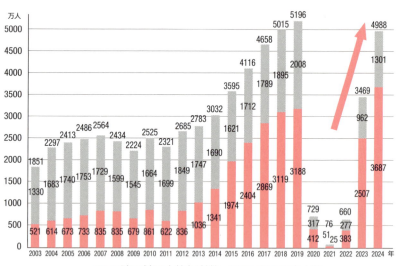

出所：観光庁ウェブサイトをもとに作成

事業計画書の作り方 3
08 業界の動向を調査する

　②でも述べたとおり、グラフの表記にも工夫をすることが大切です。下記のグラフは、ぱっと見では横ばいに見えるため、矢印を追加しています。横ばいに見えると、審査員に「市場の成長が鈍化しているのではないか」という印象を与えてしまう可能性があります。
　そのため、グラフの特徴を示す矢印を加えたり、簡単でも構いませんので補足説明を添えたりすることをおすすめします。
　何を訴えたいグラフなのかが明確になり、見る人により伝わりやすくなります。

メンズビューティ市場の推移

出所：矢野経済研究所プレスリリースをもとに作成

09 市場規模とシェアを計算する

事業計画書の作り方

補助事業の将来性を示すために必要となる市場規模とシェアの計算方法について解説します。

◆ 統計情報を活用して市場規模を算出する

　補助事業がどの程度の市場規模を持つかを算出することは、その事業の将来性を示す上で非常に重要です。市場規模が十分に大きければ、事業の成長可能性が高いことを示し、事業の有望性をアピールできます。また、市場の大きさを把握することで、どの程度のシェアを獲得すれば目標売上に到達できるのかを計算する指標にもなります。ここでは、統計情報を活用した市場規模の算出方法と、そこから導き出されるシェア目標について解説します。

　例えば、進学塾を例にとって考えてみましょう。少子化にもかかわらず、子ども1人あたりの塾費の増加、学習内容のレベル向上、個別指導塾の増加などが要因となって、学習塾業界は成長を続けています。

　仮に、兵庫県の中学受験向け進学塾市場に対して、生徒管理システムを提供する場合を想定します。このシステムの導入単価が30万円であり、兵庫県内の学習塾の数が約4000校とすると、理論上の市場規模は以下のように計算できます。

　4000校×30万円＝12億円

　このように、統計情報をもとに市場規模を推定することで、事業のポテンシャルを定量的に示すことができます。

◆ 当社のシェアを考える

　市場規模がわかったら、次に自社の目標とするシェア率を設定し、それをもとに目標売上を算出します。例えば、兵庫県には中学受験向けの大手塾が多数存在し、競争が激しい状況です。その中で、当社が市場の10％のシェアを獲得することを目指すと仮定します。この場合、想定される売上は以下のようになります。

　400校（シェア10％）×30万円＝1.2億円

　このように、統計情報などから市場全体の規模を把握し、そこから現実的なシェア目標を設定することで、売上の見通しを立てることができます。

事業計画書の作り方 3
⑨ 市場規模とシェアを計算する

　ざっくりとした計算ではありますが、事業計画書に数値を用いて説明することで、内容に具体性が加わります。新規市場やニッチな分野で統計情報が乏しい場合には、**フェルミ推定**などを活用するのも有効です。

　フェルミ推定とは、一見正確な数値がすぐにわからないときなどに、入手しやすい情報等をもとに論理的に推論し、概算値を求めることであり、市場推定などに役立ちます。

受講生1人あたりの学習塾売上高指数の推移

（資料）「特定サービス産業動態統計」（経済産業省）

出所：経済産業省ウェブサイトをもとに作成

⑩ 事業計画書の作り方
競合について調べる

事業計画を立てる際に必要となる競合分析の方法やポイントについて解説します。

◆ 競合の特徴

　事業計画を立てるにあたり、競合と比較した優位性や価格帯について知ることは大切です。**競合**とは、同じ市場や業界内で似たような商品やサービスを提供し、同じ顧客層をターゲットとしている企業や組織を指します。競合の特徴として、「自社と似たコンセプトの商品やサービスを展開している」「同じ顧客層や需要をターゲットにしている」「完全に同一の商品やサービスではなくても、同じ顧客ニーズを満たせる」などがあります。

　例えば、メンズ向けのエステサロンを開業する場合、競合には以下のような業態が考えられます。
・メンズエステ専門店
・総合エステサロン（女性向けと男性向けの両方を展開）
・美容クリニック（脱毛や痩身などの医療サービスを提供）
・リラクゼーションサロン（オイルマッサージやボディケアを提供）

　「競合がいない」と感じる場合でも、市場に存在する類似の商品・サービスや顧客層が近い商品・サービスについて分析し、比較検討することが重要です。

◆ 競合分析の方法

　競合分析を行う際には、以下の点を明確にし、自社と比較することが求められます。これらの情報を整理し、自社の強みを明確にすることで、事業計画の説得力が増します。

①価格帯：競合が提供する商品やサービスの価格を調査し、自社の価格と比較します。
②サービス内容：競合が提供するサービスの種類、特徴、オプションを調べます。
③ターゲット層：競合がどのような顧客層を狙っているのかを分析します。
④立地・利便性：競合の店舗の立地やアクセスのしやすさを確認します。

⑤口コミ・評判：インターネットやSNSを活用し、競合の評判や顧客の評価を調査します。

　また、競合との差別化を明確に示すために、**星取表**などの比較表を活用すると、視覚的にわかりやすくなります。さらに、競合との差別化ポイントを2軸で示した図表のような**ポジショニングマップ**を作成することも有効です。

星取表の例（メンズを対象とした近隣のエステサロンについての分析結果）

○：実施　◎：得意　―：メニューなし

サービス	平均価格（税抜）	個室	フェイシャル	オイルマッサージ	脱毛	痩身
当店	25,000円	○	○	○	◎	◎
B	20,000円	○	○	―	○	○
C	7,000円	○	○	―	◎	―

ポジショニングマップの例

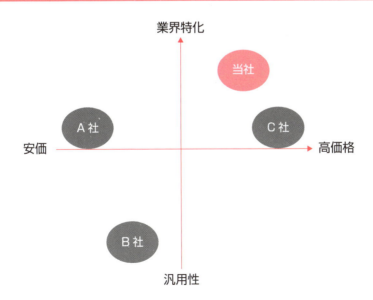

11 事業計画書の作り方
マーケティングの4Pを考える

マーケティング戦略を考える際に役立つ4Pの活用方法について解説します。

◆ 実現可能性の高いマーケティング戦略を立案

　マーケティングの4Pとは、企業が製品やサービスを市場に提供する際に考慮すべき基本的な要素を指し、**Product**（**製品**）、**Price**（**価格**）、**Place**（**流通**）、**Promotion**（**販売促進**）の4つの要素で構成されています。活用することで、実現可能性の高いマーケティング戦略を立案し、審査者に具体的な競争優位性を示すことができます。

　まず、Product（製品）は、ターゲット市場のニーズに合った商品やサービスを開発することが求められます。消費者の期待に応えるために、製品の特徴や利点を明確に記述し、競合との差別化ポイントを強調することが重要です。例えば、高齢者向けのパズルゲームを開発する場合、操作が簡単であることや、視認性の良いデザイン、脳トレ効果などを訴求することが有効です。

　次に、Price（価格）は、市場競争の中で適正な価格を設定することが求められます。単なる安さを売りにするのではなく、提供する価値に見合った価格であることが重要です。同様に高齢者向けパズルゲームを例にすると、年額3600円のサブスクリプションモデルを採用することで、コストパフォーマンスの良さをアピールしつつ、継続的な収益を確保できます。競合他社と比較して適正な価格であることを示すことで、価格に対する納得感も高められます。

　Place（流通）は、製品やサービスを顧客に届けるための最適な方法を選択することが求められます。オンライン販売を中心とする場合、ウェブサイトやアプリを活用し、手軽に購入できる仕組みを整えることがポイントとなります。

　最後に、Promotion（販売促進）は、ターゲット市場に向けた効果的な広告や販促活動を計画することが求められます。例えば、X（旧Twitter）やLINEを活用した広告キャンペーンを展開し、ターゲット層にリーチする施策を実施することが考えられます。また、老人ホームでチラシを配布することで、インターネットをあまり利用しない高齢者にも情報を届けることができます。このように、多様なプロモーション手法を組み合わせることで、より効果的に市場へアプローチすることが可能です。

4Pの例

Products (製品)	操作が簡単な、高齢者向けパズルゲーム
Price	年3600円 (サブスクリプション)
Place	オンライン
Promotion	・X (旧Twitter) やLINEで広告を打つ ・老人ホームでチラシを配る

4Pとストーリー性

マーケティングの4Pを考える際には、単にそれぞれの要素を決めるだけでなく、全体として一貫したストーリーを持たせることが重要です。

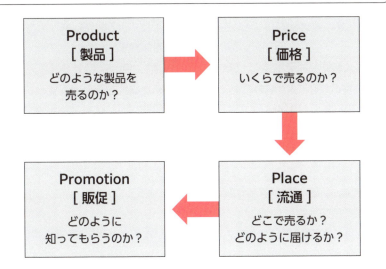

12 製品・市場マトリクスを考える（アンゾフの成長マトリクス）

事業計画書の作り方

事業戦略を考える際に役立つアンゾフの成長マトリクスの活用方法について解説します。

◆ 審査項目との整合性を持たせられる

　アンゾフの成長マトリクスは、事業戦略を「製品」と「市場」の軸で分類し、それぞれを「既存」と「新規」に分けて考えるフレームワークです。これは事業計画を立案する際に重要な視点となり、公募要領の審査項目と整合性を持たせる上でも役立ちます。

　成長戦略には4つのタイプがあります。まず**市場浸透戦略**は、既存製品を既存市場で拡販する戦略であり、市場シェアの拡大や競争優位の確立を目的とします。具体的な手法としては、価格引下げによる販売促進、広告やキャンペーンの強化、販売チャネルの拡大などが挙げられます。

　次に**新製品開発戦略**は、既存市場に対し新しい製品や改良品を投入する戦略です。これにより顧客ニーズに対応し、新たな収益源を確保することが目的となります。具体例としては、新機能の追加、サブスクリプションモデルの導入、既存製品のデザイン変更などがあります。

　新市場開拓戦略は、既存製品を新しい市場へ展開する戦略であり、新規顧客を獲得し成長を図ることを目的とします。具体例としては、海外市場への進出、新しい顧客層（若年層やシニア層）へのアプローチ、新たな用途での製品利用の提案があります。

　最後に**多角化戦略**は、新しい製品を新しい市場で展開する戦略です。最もリスクが高く、事業ポートフォリオの拡大やリスク分散を目的とします。具体的には、異業種への参入、既存の強みを活かした新規事業の立上げ、合併や買収による新事業の獲得などです。

　事業計画書を作成する際には、これらの成長戦略のどれに該当するかを明確にすることで、計画の意図が伝わりやすくなります。

4つの成長戦略

| | 製品（自社が提供する製品・サービス等） ||
	既存	新規
市場（対象となる個人・組織）　既存	**市場浸透戦略** 既存製品×既存市場	**新製品開発戦略** 新規製品×既存市場
新規	**新市場開拓戦略** 既存製品×新規市場	**多角化戦略** 新規製品×新規市場

出所：ミラサポplusをもとに作成

◆ 具体的な補助金との関係

　小規模事業者持続化補助金は、小規模事業者が「販路開拓」や「業務効率化」などに取り組む際の費用を支援する制度です。たとえば、「新たなターゲット層に向けたホームページの制作」や、「新規市場に対応するためのパッケージデザインの変更」などが該当します。つまり、この補助金は新市場開拓戦略の一環として活用することができます。

　ものづくり補助金は、新製品や新サービスの開発に必要な設備投資やシステム導入にかかる費用を支援する制度です。たとえば、「特殊加工機を導入して新製品を開発したい」といった場合に活用できます。つまり、この補助金は「新製品開発戦略」、すなわち新しい価値を創出し競争力を高めるための取り組みに適した支援制度です。

13 シナジーを活かす

事業計画書の作り方

補助金の種類によっては記載が必要となるシナジーの概要と活かし方について説明します。

◇ シナジーとは？

シナジーとは、「相乗効果」を意味し、複数の要素が組み合わさることで、それぞれが単独で機能するよりも大きな成果を生み出すことを指します。例えば、1＋1＝2ではなく、1＋1＝3以上の結果をもたらすような効果のことです。

ビジネスにおいてシナジーは非常に重要な概念です。特に、異なる事業や企業が協力し合うことで、単独では得られなかった競争力や市場価値を生み出すことができます。このため、経営戦略の中でシナジーをどのように活かすかが成功の鍵となるケースが多く見られます。

◇ 補助金上のシナジー

補助金の種類によっては、補助事業が既存事業に対してシナジー効果をもたらすことを明示しなければならない場合があります。例えば、「事業承継・引継ぎ補助金」の公募要領には「シナジーを活かした経営革新」が求められており、単なる資金援助ではなく、事業全体の発展につながる活用が期待されています。詳しくは、公募要領から確認できますが、下記のとおり示されています。

---

(1) 補助対象事業は、以下の①または②に該当すること。
　① 買い手支援類型においては以下の2点を満たすこと
　　・事業再編・事業統合に伴い経営資源を譲り受けた後に、シナジーを活かした経営革新等を行うことが見込まれること。
　　・事業再編・事業統合に伴い経営資源を譲り受けた後に、地域の雇用をはじめ、地域経済全体を牽引する事業を行うことが見込まれること。（中略）

出所：「中小企業生産性革命推進事業 事業承継・引継ぎ補助金 専門家活用枠」公募要領(10次公募)より抜粋

◆ 企業がシナジーを活かす方法

　では、企業がシナジーを活かすにはどのような方法があるのでしょうか。具体例としては、下記のようなものが考えられます。

・**異業種コラボレーション**：異なる業界の企業が共同で商品やサービスを開発し、新たな市場を開拓する。
・**M&A（合併・買収）**：企業同士が統合することで、資源や技術を共有し、競争力を強化する。
・**デジタル技術の活用**：AIやデータ分析を活用し、業務効率化や新たなビジネスモデルを創出する。

　このように、シナジーをうまく活かすことで、企業は成長の加速や市場での優位性を確立できます。補助金の事業計画書にもシナジー効果が見込める場合には、記載するようにしましょう。

事業計画書の作り方

財務状況の健全性

事業計画書で財務状況を説明するために必要となる財務指標を用いた分析方法について解説します。

◇ 現預金の状況

　事業計画書において、財務状況の健全性を示すことは極めて重要です。財務の健全性を示すためには、単に現金の保有額を提示するだけでなく、**財務指標**を用いた客観的な数値分析が不可欠です。

　右ページの図表の場合、現金として2877百万円を保有しており、十分な資金余力を持っています。これにより、金融機関からの追加の資金調達を行わずとも、当面の事業運営を自己資金で賄うことが可能です。財務の安定性を示す重要な要素として、現預金の潤沢さは大きなポイントとなります。

◇ 財務指標による分析

　以下に主要な財務指標を紹介します。

①流動比率
　流動比率は、短期的な支払能力を示す指標であり、流動資産と流動負債の比率として計算されます。
　流動比率＝流動資産÷流動負債×100（％）
　下記の場合、流動資産は3552百万円、流動負債は2980百万円であり、計算すると次のようになります。
　3552÷2980×100＝119.19％
　流動比率が100％を超えていることは、短期的な負債の返済能力が十分であることを示しています。一般的に流動比率が高いほど安全性が高いとされ、当社の119.19％という数値は健全な財務状況を反映しています。

②自己資本比率
　自己資本比率は、企業の財務の安定性を示す指標であり、総資産に対する自己資本の割合を示します。
　自己資本比率＝純資産合計÷資産合計×100％

下記の場合、純資産合計は2297百万円、総資産合計は6440百万円であり、計算すると次のようになります。
2297÷6440×100＝35.67％
一般的に自己資本比率が30％を超えている企業は財務的に安定していると考えられます。当社の35.67％という数値は、業界平均と比較しても十分に健全な範囲であり、強固な財務基盤を有していることを示しています。

以上の結果を踏まえた、事業計画書の財務状況の記述例は次のページのとおりになります。

財務諸表の例

〈資産の部〉		〈負債の部〉	
流動資産	3,552	流動負債	2,980
現金預金	2,877	買掛金	500
売掛金	286	短期借入金	1,267
商品・製品	46	リース債務	1
原材料	6	未払金	494
その他の流動資産	337	その他の流動負債	718
固定資産	2,888	固定負債	1,163
有形固定資産	1,655	長期借入金	653
建物	1,482	リース債務	－
機械装置・工具等	143	その他の固定負債	510
土地	3	負債合計	4,143
その他の有形固定資産	27	〈純資産の部〉	
無形固定資産	156	資本金	50
投資その他の資産	1,077	資本剰余金	465
		利益剰余金	1,769
		評価・換算差額等	13
		純資産合計	2,297
資産合計	6,440	負債・純資産合計	6,440

> **事業計画書記載例**
>
> 直近期末において流動資産3,552百万円(うち現預金2,877百万円)を保有しており、事業再構築に挑戦できる余力を十分に備えていると判断しています。また、<u>流動比率は119%</u>、<u>自己資本比率35.67%</u>となっており、会社の安全性は高いといえます。

◆ 当座比率について

　当座比率は、企業の資金繰りなどの安全性を評価する指標の1つです。算出方法は「当座資産÷流動負債×100%」です。

　当座資産とは、流動資産のうち現金化しやすい資産のことで、棚卸資産(製品在庫、仕掛品、原材料在庫など)を除いたものを指します。

　万が一に備えた企業の支払能力を判断する際には、より保守的な視点からこの当座比率が用いられることがあります。

事業計画書の作り方

売上計画を策定する

事業の成長性を示す売上計画の策定方法について解説します。

◆ 成長性を示すために必要

　事業の成長性を示すためには、**売上計画**が重要となります。補助金の申請においても具体的な計画の説明が求められます。本節では、新規事業を行う場合の売上計画の策定手順を解説します。

①売上を計算する
　売上は、下記の公式に基づいて計算します。
　売上＝件数×単価

②補助事業の単価を設定する
　単価は、競合の価格と市場の受容性を考慮し、最適な価格帯を決定します。例えば、次のページの図表の計画では補助事業の単価を税別30万円に設定しています。ターゲットと営業施策を明確にしながら、件数を設定します。

③補助事業の年間の売上件数を計画する
　既存事業については、今後縮小させるのか、横這いなのか、微増なのかについて、根拠を明確にしていきます。既存事業と新規事業の売上計画を組み合わせることで、より具体的な全体計画を策定します。

　売上計画を立てる際には、Microsoft Excelなどの表計算ソフトが有効です。これらのソフトでは、セルに計算式を入力することで、例えば「毎年2％ずつ売上が増加する」といった前提で、5年間の売上をシミュレーションするといったことができます。

補助事業の単価設定の例

ターゲット	目標	獲得率	件数	根拠
1年後	市内製造業200社	12%	36件	市内への販促活動、現状の相談状況から月3件の見込
2年後	市内製造業200社	30%	60件	市内への販促活動、リピート率向上
3年後	県内製造業3000社	4.0%	120件	県内への販促活動、知名度向上で受注増加
4年後	県内製造業3000社	6.6%	200件	県内への販促活動、販促ツール充実
5年後	県内製造業3000社	10%	300件	県内への販促活動、Webによる全国展開、リピート向上

年間の売上件数の計画の例

		1年後	2年後	3年後	4年後	5年後	根拠
既存事業		200,000,000	206,000,000	212,180,000	222,789,000	233,928,450	既存と新規のシナジー効果により微増
新規事業	件数	36	60	120	200	300	
	単価	300,000	300,000	300,000	300,000	300,000	
	売上	10,800,000	18,000,000	36,000,000	60,000,000	90,000,000	
合計		210,800,000	224,000,000	248,180,000	282,789,000	323,928,450	

事業計画書の作り方

付加価値額や人件費関連費について考える

補助金の種類によっては基本要件になっている付加価値額や人件費関連費について解説します。

◆ 付加価値額とは？

　補助金には、**付加価値額**や**給与総支給額**、**最低賃金の増加**が基本要件となっているものがあります。付加価値額とは、企業が生み出す経済的な価値を示す指標の1つであり、補助金の文脈では「営業利益＋人件費＋減価償却費」として計算されることが一般的です。これは、企業が人件費を支払いながら適切に投資を行い、しっかりと利益を確保できているかを測るための基準となります。例えば、「ものづくり補助金」では、以下の付加価値額の向上が基本要件となっています。

基本要件①：付加価値額の増加要件
- 補助事業終了後3〜5年の事業計画期間において、事業者全体の付加価値額の年平均成長率（CAGR。以下同じ。）を3.0%（以下「付加価値額基準値」という。）以上増加させること。
- 具体的には、申請者自身で付加価値額基準値以上の目標値（以下「付加価値額目標値」という。）を設定し、事業計画期間最終年度において当該付加価値額目標値を達成することが必要です。
- 付加価値額とは、営業利益、人件費、減価償却費を足したものをいいます。

基本要件②：賃金の増加要件【目標値未達の場合、補助金返還義務あり】
- 補助事業終了後3〜5年の事業計画期間において、従業員（非常勤を含む。以下同じ。）及び役員それぞれの給与支給総額の年平均成長率を2.0%（以下「給与支給総額基準値」という。）以上増加させること、または従業員及び役員それぞれの1人あたり給与支給総額の年平均成長率を事業実施都道府県における最低賃金の直近5年間（2019年度を基準とし、2020年度〜2024年度の5年間をいう。）の年平均成長率（以下「1人あたり給与支給総額基準値」という。）以上増加させること。
（中略）

出所：「ものづくり・商業・サービス生産性向上促進補助金公募要領（第19次公募）」より抜粋

◇ 給与支給総額とは？

　ものづくり補助金では、給与支給総額を増やすことも基本要件の１つとして求められています。ただし、この「給与支給総額」は上記の「人件費」とは異なることに留意が必要です。人件費は、役員報酬、給与、法廷福利費などのすべてを足したものです。一方、給与総支給額は、給与、賃金、賞与となります。

　毎年の年平均成長率を達成していることを示すために、右ページの「給与支給総額の例」のような表を使うとよいでしょう。

給与支給総額と人件費の関係

販管費	役員報酬	16,717,000
	給与手当	19,274,672
	雑給	224,700
	事務員給与	15,493,683
	法定福利費	7,570,579
	福利厚生費	2,329,058
労務費	賃金	65,770,834
	賞与	944,421
	法定福利費	13,122,776
	厚生費	1,014,680
	退職金	139,352
人件費		142,601,755
給与支給総額		118,425,310

給与支給総額の例

基準年度	1年後	2年後	3年後	4年後	5年後
12,000,000	12,240,000	12,484,800	12,734,496	12,989,186	13,248,970
伸び率	2%	2%	2%	2%	2%

◆ 最低賃金

　上記のように、ものづくり補助金では最低賃金の引上げが基本要件となっています。賃上げすることが基本要件や加点項目となっている補助金・助成金は以下のとおりとなります。

賃上げに関する基本要件等のある補助金・助成金

種類	概要
業務改善助成金	事業場内で最も低い時間給を引上げ、設備投資などを実施することで助成金が支給される
キャリアアップ助成金	非正規労働者のキャリアアップを助成する
ものづくり補助金	革新的な生産性向上に資する取り組みを支援
小規模事業者持続化補助金	販路開拓に関する取り組みを支援
IT導入補助金	IT導入を支援

　地域別最低賃金などを調べる場合には、厚生労働省の最低賃金特設サイトが参考となります（サイトURL：https://saiteichingin.mhlw.go.jp/）。こうした制度を有効に活用しながら、付加価値額の向上や人件費の適切な管理を行うことが、企業の健全な成長につながるでしょう。

17 事業計画書の作成要領と見直しのポイント

事業計画書の作成要領の注意点と、見直しをする際のポイントについて解説します。

◆ 事業計画書の基本ルール

　事業計画書は、公募要領に基づいて作成する必要があります。特に補助金申請の場合、指定されたフォーマットがある場合は、それに従うことが求められます。例えば、東京都の助成金は、フォーマットをダウンロードして書きます。フォーマットの指定がないものもありますが、各補助金の事業計画書のルールに沿って書いていきます。公募要領には、「事業計画書作成における注意事項」などの記載がありますので、確認しながら事業計画書を作成していきます。

　例えば、事業再構築補助金(第13次)の場合は下記のような記載があります。

> ・事業計画書の具体的内容については、審査項目を熟読の上で作成してください(電子申請システムにPDF形式のファイルを添付してください)。以下、1～4の項目について、A4サイズで**計15ページ以内**(補助金額1,500万円以下の場合は**計10ページ以内**)での作成にご協力ください。記載の分量で採否を判断するものではありませんが、1～4の項目について明示的に記載されていない場合には不採択となります。
>
> ※**会社名を事業計画書の1ページ目**に必ず記載し、各ページにページ数を記載してください。
>
> ※1ページ目で、製品・サービスに事業者にとっての新規性があること、及び新製品・新サービスを通して既存事業と異なる市場に進出することについて説明してください。1ページ目で「事業再構築」の定義に合致するか(前提要件を満たすか)審査を行い、合致しないと判断された場合には不採択となります。なお、「事業再構築」の定義に合致するかについては、システムへの入力も必要です。
>
> ※2ページ目以降で「10.審査項目」に記載の審査基準に基づき事業内容を評価し、評価が高い案件を採択します。

> ※**図表はA4サイズ**で内容が読み取れるサイズでの貼り付けにご協力ください。
> ※事業内容に直接関係のない**不必要な個人情報（社長、役員、従業員及び顧客の顔写真等）**は掲載しないでください。
> ※事業計画書は、**申請者自身**で作成してください。

　色文字の部分のように、事業計画書の審査の前提として「ページ数の指定」「会社名を書くこと」「図表はA4」「不要な個人情報（顔写真等）は掲載しない」といったことが書かれてありますので、守るようにします。
　最後に、事業計画書は「申請者自身で作成」とあります。経営コンサルタントなどに支援を依頼している場合でも、事業計画書の作成を丸投げにせず、一とおり目を通して打合せをしたり、修正を加えたりすることで、説得力が増して採択率アップにつながります。

◇ 事業計画書の見た目も重要

　事業計画書の内容が充実していても、見づらければ審査員に伝わりにくくなります。以下のポイントを意識すると、より効果的な事業計画書になります。
・強調すべき部分は太字・赤字を活用
・図や表を適宜使用
・図にはキャプションをつけてわかりやすく説明
　視認性を向上させることで、審査員にとって理解しやすい計画書となり、採択率アップにつながります。

◇ 事業計画書のシステム入力

　小規模事業者持続化補助金の場合、以前は事業計画書のひな形（Wordファイル）が提供されていましたが、現在は事業計画の内容をシステム上で直接入力する形式に変更されました。
　ものづくり補助金については、2025年第19次公募から事業計画書の作成方法が変更されます。これまでのWordファイルでの作成ではなく、システム上での入力方式に変わり、図や画像は別途添付する形になります。

ただし、事業計画書の形式がWordからシステム入力に変わるだけで、事前に入力内容を準備する、強調すべき部分を赤字にするなどの工夫は、これまでと同様に可能です。

　また、フロー図を作成したり、図に数字を入れたりすることで、導入後の効果がわかりやすくなります。例えば、システム導入によって在庫確認の作業時間が短縮するというケースであれば、システム導入前後のフロー図を作成して、それぞれのフローでどれくらい時間がかかり、導入前後でどれくらいの時間削減につながるかを明示すれば、導入効果が伝わりやすくなります。

事業計画書の見た目の工夫

機械装置の導入について説明する場合、型番・機能・性能等を記入します。

〈導入機械〉
（例）

メーカー	A社
型番	BBB-CCC
名称	商業用プリンター
性能	・高速プリンター1分間に**XXX枚**可能 ・**多様な素材**（普通紙、厚紙、封筒、透明フィルムなど）に印刷対応 ・**多彩なデザイン表現力**がある

▲導入機械

COLUMN　生成AIを補助金申請で活用する

　補助金申請において、生成AIを活用するとどのようなことが可能になるのでしょうか？　筆者はAIの専門家ではありませんが、補助金申請を効率化するために利用できる生成AIのツールを2つ紹介します。

① ChatGPT

　ChatGPTは、自然言語処理を活用した高度なAIチャットボットです（サイトURL：https://chatgpt.com/）。このツールを使うことで、補助金申請書の内容を考える際に、適切な表現やキーワードを提案してもらえるなどのアイディア出しがしやすくなります。また、文書の添削により、書いた文章をよりわかりやすく、論理的なものに改善するためのフィードバックを得られます。指定文字数への調整により、文章を簡潔にまとめることもできます。このように、ChatGPTを活用することで、文章作成の負担を軽減し、より説得力のある申請書を作成することができます。

② Perplexity AI

　Perplexity AIは、情報検索に特化したAIツールで、信頼できる情報源を提示しながら調査を進めることが可能です（サイトURL：https://www.perplexity.ai/）。補助金申請であれば、データの裏付けをする際に役立ちます。補助金申請書には、事業の実現可能性や市場のデータを示す必要があります。信頼性の高い情報を提示することで、説得力のある計画を立てることができます。このように、Perplexity AIを活用することで、補助金申請に必要な情報を効率よく収集し、より具体的な内容に仕上げることができます。

　生成AIは非常に便利なツールですが、あくまでも参考情報として活用し、そのままの文章を流用せず、自社の独自性を加えた事業計画書を作成することが重要です。そうすることで、審査員に響く申請書を作ることができるでしょう。

事業計画書の作り方

18 仕上げを行いタイトルや概要欄を作成する

事業計画書作成の仕上げに確認すべき点やタイトル、概要欄の作成方法について解説します。

◇ 一目で目的や特徴が伝わるようにする

　事業計画書が完成したら、次に重要となるのが**タイトル**や**概要欄**の作成です。最初にタイトルや概要を決めてから本文を書く方法もありますが、多くの場合、計画書の内容をしっかりまとめたあとに作成するほうが、より的確で魅力的なものになります。タイトルや概要は、事業の内容を端的に表しながらも、読み手の興味を引くキャッチーな表現を意識するとよいでしょう。特に、補助金申請などの場合、審査員が数多くの申請書類を確認するため、一目で事業の目的や特徴が伝わるタイトルや概要が求められます。

◇ 事業計画書の仕上げ

　事業計画書を紙で提出する場合、印刷したあとに必ず読み直しておくことが大切です。特に、個別のパートごとに作成した場合、全体のストーリー性が欠けていることがあります。そのため、最初から最後まで通して読んでみて、話の流れがスムーズかどうかを確認しましょう。また、専門用語を多用していないか、わかりにくい表現がないかもチェックし、一般の読者が読んでも理解できるように修正することが重要です。特に、補助金申請の審査員が業界の専門家とは限らないため、専門用語は可能な限り平易な表現に置き換えるか、簡単な説明を添えるとよいでしょう。

　一方で、WordやExcelで作成した事業計画書をPDFファイルとして提出する場合は、変換後にレイアウトが崩れていないかを必ず確認しましょう。PDFのフォーマットによっては、改行や画像の配置が乱れることがあるため、特に表やグラフを含む場合は細かくチェックする必要があります。また、Wordの読み上げ機能を活用すると、文章の流れや誤字脱字を客観的に確認できるため、最終チェックとして試してみるのも効果的です。

◆ タイトルの作成

　タイトルの作成にあたっては、30字程度で補助金の目的に沿ったものにするのが望ましいです。例えば、DX（デジタルトランスフォーメーション）やGX（グリーントランスフォーメーション）、省力化といったキーワードを含めることで、事業の方向性が明確になります。また、「地域初」などの表現を加えることで、他の申請書との差別化を図ることも可能です。

　過去の採択案件の件名を参考にするのもよい方法でしょう。例えば、「○○装置の導入により、△△業務の省力化の実現」といった形で、導入する設備や施策と、それによって達成される成果を端的に表すと、わかりやすくなります。

◆ 概要欄

　概要欄については、申請フォーマットによって100字程度で記述する必要がある場合があります。この際、事業の「課題」と「解決策」を明確にすることがポイントとなります。課題が具体的に示されていなければ事業の必要性が伝わりにくくなり、解決策が曖昧であれば実現可能性に疑問を持たれてしまいます。そのため、「現在、○○の業務において△△の課題があり、それを□□の方法で解決することで、××の効果を生み出す」といった形で、簡潔にまとめるのが望ましいでしょう。

　タイトルと概要は、事業計画書の中でも特に重要な要素です。審査する側にとっては、最初に目にする部分であり、ここで関心を引けるかどうかが、書類全体の印象を大きく左右します。そのため、単に事業の内容を説明するだけでなく、短い文章の中に工夫を凝らし、魅力的に伝えることが求められます。

　事業計画名は採択されると公表され、また事業計画の概要も公表される可能性があります。そのため、公表によって支障を来たすおそれのあるノウハウや知的財産は記載しないことが求められています。

ものづくり補助金の事業計画名・概要欄

(2) 事業計画名(30字以内)

※事業計画にふさわしい事業計画名としてください。採択案件一覧において掲示されます。事業計画名の誤記入や未入力などがある場合は、記載不備として審査対象外となります。

本事業で取り組む対象分野となる業種 (日本標準産業分類、中分類)	コード		名称	

(3) 事業計画の概要(100字以内)

※事業計画に沿って、現状の課題とその解決策と効果を簡潔に記載して下さい。ただし、補助事業として公表することがあるため、公表して支障のあるノウハウや知的財産等を含む内容は記載しないで下さい。

本事業で導入予定の機械装置等の名称	

出所：ものづくり補助金第18次参考様式_事業計画書記載項目をもとに作成

COLUMN 事業計画書作成にかける時間

　事業計画書作成にかける時間は、単純に長ければ長いほど採択されやすいというわけではありませんが、一定の時間をかけることで採択率が向上する傾向が見られます。特に、計画的かつ丁寧に申請書を作成することが重要です。

　下表は、ものづくり補助金の事業計画書の作成時間と採択率の関係です。30時間程度を費やすケースが最も多いことがわかります。ばらつきがみられるものの、10時間以内は低採択率であるため、ある程度時間をかけることで事業計画書の完成度が高まり、審査において有利になると考えられます。

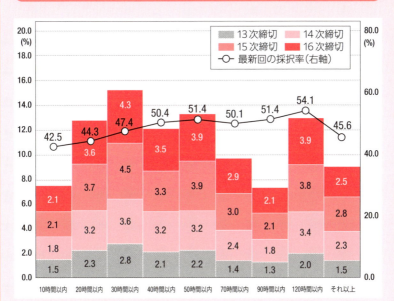

ものづくり補助金の事業計画書作成時間

出所：ものづくり補助金総合サイトをもとに作成

# ④ 補助金の採択事例

　ここまで補助金の概要や申請方法について見てきましたが、実際の採択事例にはどのようなものがあるのでしょうか。本章では企業の採択事例を取り上げ、採択率を上げるポイントについて解説します。

01 補助金の採択事例

採択率を上げるポイント

補助金は申請すれば必ず受け取れるわけではありません。ここでは、補助金の採択率とその向上のポイントについて説明します。

◆ 補助金の採択率とは？

　補助金の**採択率**とは、補助金申請のうち実際に採択される割合を示す指標です。補助金の採択率は以下の計算式で求められます。

　　採択率（％）＝（採択件数 ÷ 申請件数）× 100

　例えば、100件の申請があり、50件が採択された場合、採択率は50％となります。補助金の種類や申請回によって、採択率は大きく異なります。例えば、「ものづくり補助金」の採択率は近年 50％前後で推移していますが、徐々に低下傾向にあります。

◆ 採択率を上げるポイント

　補助金の採択率を上げるためには、まず申請要件をしっかりと満たすことが不可欠です。要件を満たしていなければ、審査対象外となる可能性があるため、事前に詳細な確認と準備を行う必要があります。また、事業計画を明確にすることも重要です。審査員へのわかりやすさ、かつストーリー性を持たせましょう。補助事業の目的達成可能性を示すこともポイントです。実現可能性の高い事業であることを強調し、目標数値やスケジュール、担当者の役割分担を明確にすることが求められます。さらに、補助金を活用することでどのような成果が得られるのかを明確にすることが必要です。

　また、補助金には加点項目が設定されている場合があるため、可能な限り加点要素を盛り込むことも有利に働きます。申請のタイミングも重要な要素です。補助金によっては、回を重ねるごとに予算が縮小し、採択率が低下することがあります。そのため、できるだけ早い段階で申請を行うことで、競争が少なくなり、採択される可能性が高まると考えられます。

補助金の採択事例 4
01 採択率を上げるポイント

ものづくり補助金の申請件数と採択率の推移

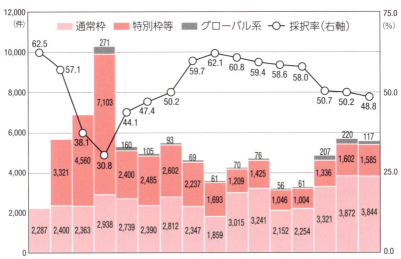

出所：ものづくり補助金総合サイト

採択率を上げるポイント

- ✓ わかりやすく、筋の通った事業計画書を作成する
- ✓ 加点要素を意識する
- ✓ 申請のタイミングを工夫する

小規模事業者持続化補助金の採択例① エステサロンA社

小規模事業者持続化補助金の採択例としてエステサロンを営む企業を説明します。

◆ 概要

　A社は、S県内の駅前にあるプライベートサロンです。ブライダル向けのフェイシャルやボディケア、脱毛などのエステサービスを提供し、地域に密着した営業を続けてきました。代表は豊富な経験を持つエステティシャンであり、女性の悩みに寄り添い、リピート率が高いことがサロンの強みとなっています。しかし近年、結婚式を挙げるカップルの減少により、ブライダルエステ市場は縮小傾向にあり、新たなサービスの導入が求められていました。

　こうした状況の中、A社は「フェムテック整体」の導入を決定しました。**フェムテック**とは、女性特有の健康課題をサポートする分野であり、生理や妊娠・産後、更年期などのケアに対する需要が高まっています。A社はこの市場の成長に注目し、新たな顧客層の獲得と地域における競争力の向上を目指しています。導入にあたり、施術環境を整えるために小規模事業者持続化補助金を活用し、内装の改装や施術設備の導入を進める計画です。また、業務の効率化を図るためにLINE公式アカウントを活用し、予約管理の円滑化やリピート率向上にも取り組みます。

　フェムテック整体の導入によって、A社は既存のエステメニューと組み合わせた新たなプランを提供し、顧客単価の向上を図ります。特にブライダルエステと組み合わせたプランは、高付加価値なサービスとして期待されています。また、女性の体調に合わせた施術を行うことで、健康管理をサポートし、顧客が定期的に通うきっかけにもつながります。A社は今後、研修を受講しながら専門性を高め、より質の高いサービスを提供していく予定です。フェムテック市場の成長を追い風に、A社はこれからも地域の女性の健康と美容を支える存在として発展していくことが期待されます。

4 補助金の採択事例

02 小規模事業者持続化補助金の採択例① エステサロンA社

◇ 採択のポイント

　小規模事業者持続化補助金は、小規模事業者が販路開拓や設備投資を行う際に活用できる補助金です。特に、小規模事業者ならではの工夫として、店長自身がエスティシャンとしての高い技術力を活かし、コストを抑えつつ効果的に販路を拡大している点が挙げられます。LINEを活用した顧客管理やコミュニケーションの工夫により、リピーター獲得の施策が明確であることも特徴です。さらに、近隣のエステや整体と差別化された独自性の高い施策を展開している点も大きな強みといえます。

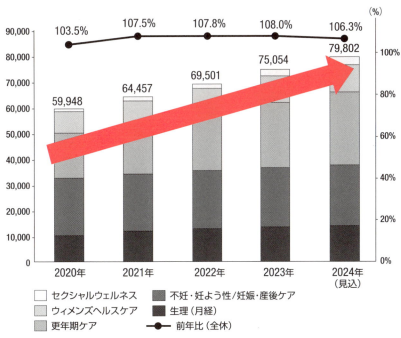

フェムケア＆フェムテック（消費財・サービス）市場規模推移

注1）各アイテムは小売金額ベースで、各アプリおよびサービスはユーザー消費金額ベースで算出した。
　　アプリおよびサービスの市場規模は広告収入を含まない。
注2）2024年は見込値。

出所：矢野経済研究所リリースをもとに作成

当時の小規模事業者持続化補助金の申請先は商工会議所でした。申請にあたっては複数の手続きが必要ですが、代表が事務処理等の作業に精通していたこともあり、円滑に申請をすることができたようです。本ケースの場合は代表が直接対応していますが、補助金申請のような煩雑な事務手続きには、担当を問わずこのような能力を持つ方が参画することで、申請がよりスムーズに進むと考えられます。

A社の事業分析

【企業情報】　従業員数……0名　事業内容……エステ

従来

【顧客層】
20〜30代ブライダル

【提供サービス・商品】
ブライダルエステ

【強み】
・店長のエステ経験
・隠れ家のような店内

【投資内容】
内装費　他

新規

【顧客層】
40〜60代の女性特有の悩みを持つ富裕層マダム

【提供サービス・商品】
フェムテック整体

【新たな差別化ポイント】
・フェムテック整体の技術力
・店長の女性特有の悩みを聴く力

03 小規模事業者持続化補助金の成功例② くらさか風月堂

小規模事業者持続化補助金の採択例として和菓子店を営む企業を説明します（※小規模企業白書2024を参考にしています）。

◆ 概要

　くらさか風月堂は、1920年に創業した三重県伊賀市の和菓子店です。3代目店主の倉阪浩充氏は、25歳で家業を継承しましたが、地域行事の減少や生活様式の変化により、和菓子の注文が年々減少し、事業の先行きに不安を感じていました。そうした中、2010年に市の中心市街地活性化事業の一環として経営アドバイザーの助言を受ける機会を得ました。アドバイザーの指摘により、店舗の歴史や手作りの強みを改めて認識し、新規顧客の獲得に挑戦することを決意しました。

　新たなターゲットとして30～40代の女性を設定し、情報発信を強化しました。妻の千鶴氏と協力し、毎日SNSで和菓子作りの様子を投稿したほか、フードマーケットなどのイベントにも積極的に出店しました。季節に合わせた和菓子や地元の産品を活用した商品をPRすることで、少しずつファンを増やしていきました。また、築90年の店舗を改装し、落ち着いた雰囲気を演出するとともに、和菓子とお茶を楽しめる休憩スペースを設置し、来店客の増加を図りました。さらに、2018年には小規模事業者持続化補助金を活用し、EC販売体制を整えて遠方の顧客にも対応できるようにしました。

　これらの取り組みにより、売上は取り組み前と比べて2～3割増加し、新型コロナウイルス感染症の拡大以降も成長を続けています。2016年に開始したInstagramのフォロワー数は、2024年3月時点で約9400人に達し、遠方からの新規顧客も増えました。くらさか風月堂は、地域とつながる和菓子を通じて、今も伊賀の魅力を発信し続けています。

◇ 採択のポイント

　小規模事業者持続化補助金は、設備投資や販路開拓を支援する制度です。「美味しいお菓子を作る」という強みを活かし、具体的な販路開拓の計画が明確であったことが評価されたと考えられます。

　特に、手作りの和菓子を毎日Instagramで発信し、ファンを増やすことでブランドの認知度を高めている点、ECサイトを活用することで遠方の新規顧客を獲得する計画など販路開拓の道筋が具体的に示されており、事業の成長性や持続性が評価されたと考えられます。

くらさか風月堂の事業分析

【企業情報】 所在地……三重県伊賀市　従業員数……1名　事業内容……飲食料品小売業

従来

【顧客層】
地元客

【提供サービス・商品】
- スーパーでの販売
- 冠婚葬祭での引き出物

【強み】
- 店舗の歴史が長いこと
- 手作りの和菓子

【投資内容】
EC販売
新規

新規

【顧客層】
30～40代の女性（全国）

【提供サービス・商品】
- EC販売
- 季節に合わせたお菓子、地元産PR

【新たな差別化ポイント】
- Instagramでの発信力、フォロワー数

補助金の採択事例

ものづくり補助金の採択例①
最上インクス

ものづくり補助金の採択例について説明します（※ミラサポ Plus の事例を参考にしています）。

概要

　株式会社最上インクスは、国内の大手電機機器・部品メーカーを顧客に、金属部品の量産や試作事業を展開し、順調に業績を拡大してきました。しかし、2008年のリーマンショックによる受注減少を経験し、2010年に社長に就任した鈴木滋朗氏は、「請負型」のビジネスモデルの限界を痛感しました。受注に依存する従来の形では、社会の変化に適応できず、将来的に成長が難しくなるという危機感から、ビジネスモデルの転換を決意しました。

　その中で、試作品の製造を通じて発注元の新製品開発に関する情報を得られることに着目し、新たな「キーパーツ」（重要な部品）を自社で開発・製造すれば「提案型」ビジネスへの転換が可能だと考えました。リスクはありましたが、自社で価格を決められる魅力に加え、社内の意識を「顧客の要望に応える」から「顧客の課題を解決する」へと転換し、ものづくり補助金を活用して生産体制を整備しました。

　その結果、「提案型」ビジネスモデルが確立され、重工業メーカーや自動車メーカー、発電メーカー、さらには欧米企業からも引き合いを受けるなど、事業機会が大きく広がっています。

ポイント

　ものづくり補助金は、単なる設備導入にとどまらず、革新的な商品やサービスの創出を支援しています。本事例では、「請負型」ビジネスモデルから「提案型」ビジネスへと転換し、高付加価値なサービスを展開している点や、欧米企業からの引き合いが増え、事業機会が広がっている点が注目されます。

「請負型」ではどうしても受注先の業況に左右されてしまいます。そこで、「提案型」にすることで、自ら価格を設定できるようになり、より高い利益を見込めます。また、顧客との関係性も単なる「外注先」から、「技術パートナー」へと進化させるビジネスモデルといえます。

最上インクスの事業分析

【企業情報】　従業員数……約80名　事業内容……製造業

請負型ビジネス

【顧客層】
電気機械・部品メーカー

【提供サービス・商品】
金属部品の提供

【課題】
受託ビジネスは契機に左右される

【投資内容】
新設備

提案型ビジネス

【顧客層】
重工業、自動車メーカー、欧米企業

【提供サービス・商品】
新製品開発の重要部品の提供販売

【新たな差別化ポイント】
サプライチェーン内で高付加価値なポジションへ！

ものづくり補助金の採択例②
印刷業B社

ものづくり補助金の採択例について説明します（※ミラサポ Plus の事例を参考にしています）。

◇ 概要

　B社はオフセット印刷を中心に、冊子などの印刷物の受託を事業としている地域密着型の印刷会社です。しかし、近年の営業活動を通じて、お客様の印刷ニーズが多様化していることを強く実感し、対応策を検討していました。そこで、ものづくり補助金を活用し、デジタル印刷機の導入を計画することにしました。

　デジタル印刷機の導入により、従来のオフセット印刷と比べて操作が簡単になり、導入時の研修負担を軽減できます。また、省力化が可能となり、これまで3人で対応していた1ロットの印刷作業を2人で行えるようになります。その結果、1名を別の業務に割り当てることができ、生産性の向上が期待されます。さらに、従来の設備では対応できなかった印刷物の受注が可能となることで、業務の効率化や教育コストの削減につながり、利益の創出も見込まれます。

　B社の強みは、地域に根ざした経営と小回りの利く対応力です。デジタル印刷機の導入により、これらの特長をさらに活かしながら、より幅広い顧客ニーズに応えられる体制を整えられるようになります。これにより、事業の成長を目指すとともに、地域経済の発展にも貢献していくことが期待されます。

◇ ポイント

　ものづくり補助金の採択ポイントとして、政策面の観点から「地域経済への貢献度」が重視されます。B社は地域密着型のビジネスモデルを展開しており、その特長を活かした事業運営が評価のポイントとなったと考えられます。

　また、長年にわたる営業活動を通じて顧客ニーズを詳細に分析しており、市場の動向を的確に捉えた事業計画を策定している点も採択に寄与した可能性があります。

ものづくり補助金の具体的な採択基準については、「ミラサポplus」の「ものづくり補助金の書き方」のページに詳しく記載されています（サイトURL：https://mirasapo-plus.go.jp/hint/7654/）。

　時代と共にペーパーレス化が進む中、紙媒体に依存していた印刷業において、紙以外の素材への印刷に着目し、新たなビジネスチャンスを掴んだ好事例といえます。印刷技術や設備を応用することで、ノベルティグッズやパッケージ、布製品など多様な分野への展開が可能となり、事業の幅を広げるきっかけとなっています。

B社の事業分析

【企業情報】　事業内容……印刷業

従来
- 【顧客層】地元企業
- 【提供サービス・商品】冊子
- 【課題】地域に根差した経営、短納期

【投資内容】新設備

新規
- 【顧客層】観光業、製造業
- 【提供サービス・商品】ノベルティ、製品サンプル、Tシャツなど
- 【新たな差別化ポイント】様々な顧客ニーズへの対応

06 事業再構築補助金の採択例 製造業D社

補助金の採択事例

事業再構築補助金の採択例として製造業者の事例について説明します。

◆ 概要

　D社は、精密な金属加工を手がける製造業者であり、特に小ロット生産・短納期対応・高品質な切削加工技術に強みを持っています。しかし、コロナ禍の影響により、半導体装置の輸出回復が不透明な状況が続いています。このまま現状維持では、受注の変動リスクが高まり、事業の安定性が損なわれる可能性があると判断しました。

　そこでD社は、事業再構築補助金を活用して加工設備を導入し、ロボット産業向けの部品製造に参入することを計画しました。ロボット産業は、近年の省人化の流れを受け、産業用ロボットの市場が拡大しており、今後も持続的な成長が見込まれています。ただし、ロボット用部品には高い品質や厳しい基準が求められるため、D社の切削加工技術や既存の品質管理手法をさらに向上させ、対応していくことを検討しました。

　D社は、これらの取り組みを通じて、自社の強みを活かしながら新たな市場での競争力を確立し、持続的な成長を目指します。

◆ ポイント

　事業再構築補助金は、新分野への展開や業態転換を支援する制度です。D社は、自社の強みである高品質な切削加工技術を活かし、成長産業であるロボット市場への参入を目指します。ロボット業界に求められる品質基準を調査し、品質管理を強化する計画など、事業の実現可能性が高かったことが採択のポイントになったと考えられます。

D社の事業分析

従来
【顧客層】
メーカー
【提供サービス・商品】
金属加工部品の製造

【投資内容】
新設備

新規
【顧客層】
ロボット産業業界
【提供サービス・商品】
産業ロボット用部品

【活かせる強み】
加工技術力、高品質

COLUMN　他社はどのような事業計画書を書いているか

　他社がどのような事業計画書を提出しているのか気になる方も多いでしょう。ミラサポplusでは、採択された企業が実際に申請した事業計画書の一部を公開しています。

　例えば、西光エンジニアリング株式会社の事例では、業界の専門用語について別途表を設けて説明しています。また、専門用語には注釈をつけ、できるだけわかりやすい言葉で記述することで、採択を勝ち取った例として紹介されています。ぜひ参考にしてみてはいかがでしょうか（サイトURL：https://mirasapo-plus.go.jp/hint/12515/）。

　なお、事例を探すときは、ミラサポplusのトップページから「事例を探す」をクリックしてください（サイトURL：https://mirasapo-plus.go.jp/jirei-navi）。「ものづくり補助金」「IT導入補助金」といった注目ワードを選んで検索すると、事例や実際の事業計画書を見ることができます。

07 補助金の採択事例

雇用調整助成金と事業再構築補助金の採択例　ホテル松本楼

雇用調整助成金と事業再構築補助金の採択例について説明します（※小規模企業白書2024を参考にしています）。

◇ 概要

　群馬県渋川市に本社を構える株式会社ホテル松本楼は、伊香保温泉で温泉旅館を経営する企業です。「人は宝」という理念を掲げ、従業員を大切にする経営を実践しています。

　新型コロナウイルスの感染拡大による経営危機に直面する中でも、解雇や減給を行わず、事業変革を推進。緊急事態宣言後には、従業員向けの勉強会「松本楼学校」を開設し、接客スキルの向上やSDGsへの取り組みを進めました。これらの取り組みには、雇用調整助成金を活用しています。

　また、感染対策としてストレスフリー補助金を活用し、タブレット端末の導入や自動チェックアウト機の設置を実施。さらに、巣ごもり需要を捉え、事業再構築補助金を活用して「伊香保ベーカリー」を開業し、食パンやプリンなどの商品を展開することで、多角化を進めています。

　ホテル松本楼は、このように「人を大切にする経営」を軸に、新たな挑戦を続けています。

◇ ポイント

　事業再構築補助金は、新規事業への進出など、多角化を支援する制度です。ホテル松本楼は、宿泊施設で培ったノウハウを活かし、新たに飲食事業を開始するなど、異業種への進出を果たしました。

　また、伊香保温泉という観光地において、地域初のパン店を開業した点も評価されています。コロナ禍で大きな打撃を受けたホテル業界の中で、従業員教育の充実、デジタル技術の活用、多角化といった施策を積極的に展開し、事業の可能性を広げる姿勢が成長につながっています。

松本楼の事業分析

【企業情報】　従業員数……118名　事業内容……宿泊業

従来
- 【顧客層】宿泊客
- 【提供サービス・商品】ホテルでの飲食、宿泊
- 【強み】社長のチャレンジ精神／ホテル経営ノウハウ

【投資内容】人材育成、設備投資

新規
- 【顧客層】地元客
- 【提供サービス・商品】ベーカリー（パン、プリン）
- 【投資後】伊香保温泉の観光地の活性化

COLUMN　IT導入補助金の事例

　IT導入補助金の事例は、インターネット上に多くありますが、IT導入補助金のソフトウェア導入要件が毎年変わることから、実際には共同申請するIT導入事業者へ相談するとよいでしょう。過去の事例は、IT導入補助金のサイトからも検索することができます（サイトURL：https://it-shien.smrj.go.jp/applicant/example/）。

⑤ 補助金・助成金申請後の注意点

補助金・助成金申請後にも注意が必要な点があります。本節では、採択後に気を付けたいポイントや受給時の対応、また不採択だった場合の対応などについて解説します。

01 採択されてからの注意点

補助金・助成金申請後の注意点

補助金・助成金が採択された場合の対応と注意点について解説します。

◆ 採択後に説明会参加必須の場合は参加する

　補助金が採択されたと聞くと、多くの方がすぐに資金が支給されると考えがちですが、実際にはまだ多くの手続きが必要です。採択されたことは大きな第一歩ですが、その後の交付申請や交付決定、補助事業の実施、さらには実績報告と請求のプロセスを経て初めて補助金が支払われます。このため、採択後も慎重に手続きを進めることが求められます。

　例えば、補助金採択後に、採択者向けの説明会がある場合があります。注意事項をよく読んで、期限内に必ず参加するようにしてください。説明会の日時や参加方法は事前に通知されることがほとんどなので、見落とさないよう注意しましょう。

◆ 計画の変更

　補助金の申請後に事業の計画が変更になることも考えられます。例えば、「計画していた経費の費目を変更したい」「予定していた事業を別の会社に承継したい」といった状況が発生することがあります。

　これらの変更については、公募要領や交付規定に詳細が記載されていることが多いですが、書類を読んでも不明点が残る場合も少なくありません。その際は、認定支援機関などの専門家に相談するのも１つの方法ですが、最も確実なのは補助金の事務局に直接問い合わせ、適切な手続きを確認することです。事務局に相談することで、変更が認められるかどうか、また変更を行うための具体的な手順を明確に知ることができます。

◆ 補助事業実施の際の注意

　補助事業の実施中は、記録をしっかりと残すことも求められます。例えば、補助金を用いて購入した物品の支払い記録、ウェブ広告を実施した場合の画面キャプチャ、工事を行った場合の施工中の写真などです。

　これらは補助事業中にしか取得できないため、あとから求められたときに

準備できないという事態を避けるためにも、こまめに記録を残しておくべきです。

◆ 実績報告

　実績報告の際には、支出を証明する書類も必要となります。具体的には、経費区分ごとの見積書、発注書、納品書、請求書、支払いの控えなどが該当します。特に、支払いの証拠となる書類の不備があると、補助金が支給されない可能性もあるため、十分注意しましょう。

　補助金の需給は、事業を発展させる上で非常に有益ですが、手続きを適切に進めないと、せっかく採択された補助金が支給されないという事態にもなりかねません。最後まで丁寧に書類を準備し、必要な手続きを怠らないことが、円滑に補助金を受け取るための鍵となります。

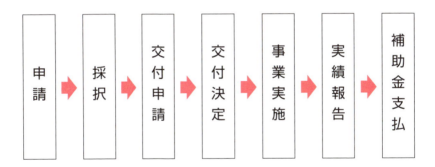

補助金交付のフロー

申請 ➡ 採択 ➡ 交付申請 ➡ 交付決定 ➡ 事業実施 ➡ 実績報告 ➡ 補助金支払

補助金・助成金申請後の注意点

補助金の返還や不正受給

補助金の返還が求められる場合や不正受給とみなされる場合の対応について解説します。

◇ 適正な使用が求められる

　補助金を受給する際には、その適正な使用が求められます。しかし、何らかの理由で補助金を返還しなければならない場合や、**不正受給**とみなされるケースが発生することがあります。

　以下では、補助金の返還が必要となるケースや不正受給とみなされるケースのはどのような場合か、またその際の対応について見ていきます。

◇ 補助金を返還しなければならない場合

　補助金の交付には、各種公募要領に基づく要件が定められています。これらの要件を満たしていない場合には、補助金の一部または全額の返還を求められることがあります。例えば、ものづくり補助金第19次の公募要領では、下記のとおり「事業場内最低賃金水準基準が未達の場合」には、一部の補助金交付額を返還しないこととなっています。ただし、赤字の場合や再生事業者である場合などは補助金の一部返還を求めないとしています。

基本要件③：事業所内最低賃金水準要件が未達の場合

・3～5年の事業計画期間中、毎年3月末時点において、事業所内最低賃金目標値が達成できなかった場合、補助金交付額を事業計画期間の年数で除した額の返還を求めます。

・ただし、付加価値額が増加しておらず、かつ企業全体として当該事業年度の営業利益赤字の場合や、天災など事業者の責めに負わない理由がある場合は、上記の補助金の一部返還を求めません。また、再生事業者である場合には、目標が達成できなかった場合であっても返還を求めません。

＜補助金返還の考え方（計算式）＞

▶ 事業所内最低賃金目標値が補助金返還額の計算対象となる場合
　補助金返還額＝補助金交付額／事業計画期間の年数（年）

出所：「ものづくり・商業・サービス生産性向上促進補助金公募要領（第19次公募）」

◇ 補助金の不正受給

　補助金は国や地方自治体が税金をもとに運営している制度であるため、不正受給は厳しく罰せられます。

　不正受給とみなされる行為として、虚偽の申請を行い実態のない事業計画を申請して補助金を受給すること、本来の目的とは異なる事業や個人的な用途に補助金を流用する行為などがあります。これらの行為が発覚した場合には、補助金の返還を求められるだけでなく、罰金や刑事責任を問われる可能性もあります。

　このように、補助金を受給する際には、適正な手続きと要件の遵守が求められます。要件を満たさない場合や不正が発覚した場合には、補助金の返還が必要となり、場合によっては罰則が科される可能性もあるため、十分な注意が必要です。

ものづくり補助金サイト内の注意喚起

これから申請をされる皆様へ　―補助金の不正受給に関する注意喚起―

補助金の申請にあたって、「虚偽の申請による不正受給」、「補助金の目的外利用」や「補助金受給額を不当に釣り上げ、関係者へ報酬を配賦する」といった不正な行為が判明した場合は、交付規程に基づき交付決定取消となるだけでなく、補助金交付済みの場合、加算金を課した上で当該補助金の返還を求めます。

上記の不正な行為が判明した場合は、不正内容の公表等を受けることや「補助金等に係る予算の執行の適正化に関する法律」第29条に基づき、5年以下の懲役若しくは100万円以下の罰金または両方に処せられる可能性があります。

出所：ものづくり補助金総合サイト

補助金・助成金申請後の注意点

収益納付

一定の利益が生じた場合に交付額の一部を返納する「収益納付」の仕組みや適用条件について解説します。

◆ 収益納付の目的と仕組み

　補助金は中小企業の様々な経営課題を支援するために交付される、原則"返済不要"のお金です。しかし、補助金を活用して実施した事業が予想以上に成功し、大きな利益を生んだ場合には、その利益の一部を国に返納しなければならないというルールが存在します。このルールを**収益納付**といいます。

　この仕組みは、公共の資金で支援を受けた事業が事業者の利益に直結した場合、その利益の一部を納付することで、公的資金の適正な運用を確保することを目的としています。つまり、補助金を使って事業を成功させた企業が、その成果を独占するのではなく、一部を社会に還元する形となるのです。

◆ 収益納付の適用条件

　収益納付が適用されるかどうかは、事業の収益状況によって決まります。具体的には、補助事業の対象期間内に発生した収益が一定の基準を超えた場合に納付義務が生じます。ただし、以下のような場合には納付が免除される可能性があります。

・事業の対象期間内に十分な利益が生じなかった場合
・事業化状況報告書の審査結果により、納付が不要と判断された場合

　このように、必ずしもすべての補助事業が収益納付の対象となるわけではなく、利益の発生状況や報告内容によって扱いが異なる点に注意が必要です。

　補助金を活用することで企業の成長が加速する一方で、収益納付の仕組みを理解しておかないと、思わぬ負担が生じる可能性もあります。補助金を活用する際には、事前に公募要領や関連規定をよく確認し、必要な報告や手続きを適切に行うようにしましょう。

◆ 収益納付の必要性

　収益納付が必要であるかは、補助金・助成金の種類によって異なります。「ものづくり補助金（第19次）」では、収益納付は求められていません。つまり、補助金を活用して得られた事業成果（売上や利益）について、原則として国への返納義務はありません。

　このように、収益納付が常に必要というわけではないため、まずは公募要領や交付要領をよく確認することが重要です。判断が難しい場合や不明点がある場合は、事前に自治体や担当機関へ相談することで、確実な対応ができます。

省力化投資補助金の公募要領の収益納付に関する記載

(4)収益納付
効果報告から、本事業の成果により収益が得られたと認められる場合には、受領した補助金の額を上限として 収益納付しなければならない。ただし、効果報告の対象年度の決算が赤字の場合は免除される。

出所：中小企業省力化投資補助事業 公募要領

COLUMN　補助金不採択の場合

　補助金の申請が不採択となった場合は、別の補助金にチャレンジしてみましょう。補助金の趣旨に合致していれば、他の補助金で採択される可能性も十分にあります。

　ただし、補助金は国の税金を活用しているため、同じ目的で複数の補助金に同時に申請することはできませんので注意が必要です。

　補助金・助成金を賢く活用し、事業の発展と経営基盤の安定につながることを願っています。

04 補助金・助成金申請後の注意点
専門家活用のメリット・デメリット

補助金・助成金に関する専門家の活用について解説します。

◆ 補助金・助成金の専門家とは

　補助金や助成金の手続きや準備が難しく、専門家への依頼を検討する方も少なくないと思います。補助金や助成金の申請を行う際には、それぞれの分野に特化した専門家が存在します。適切な専門家を活用することで、スムーズな申請が可能になります。具体的には、以下のような専門家が考えられます。

①補助金申請に適した専門家
　・税理士：財務・税務に精通し、企業の資金調達をサポート
　・行政書士：許認可申請や補助金関連の書類作成を得意とする
　・中小企業診断士：経営戦略や事業計画の策定を支援
　・補助金コンサルタント：補助金の最新情報を提供し、申請手続きをサポート

②助成金申請に適した専門家
　・社会保険労務士（社労士）：労務関連の手続きを専門とし、助成金申請をサポート

　補助金と助成金では、必要となる知識や手続きが異なるため、それぞれの分野に精通した専門家を活用することが重要です。

◆ 専門家を活用するメリット

　専門家を活用することで得られる最大の利点は、専門的な知識と経験を活かした適切なサポートを受けられることです。これにより、申請の成功率が向上します。補助金や助成金の申請には詳細な要件や審査基準があり、専門家は過去の実績をもとに採択されやすい書類作成のポイントを熟知しています。そのため、適切な申請書を作成することで成功率を高めることができ

ます。

　また、手間と時間の削減にもつながります。申請に必要な書類の作成や添付資料の準備には多くの時間と労力がかかるため、特に初めて申請する場合には専門家のサポートを受けることでスムーズな対応が可能になります。

　さらに、専門家は補助金や助成金の最新情報に精通しており、年度ごとに変更される制度を正しく把握し、最適な申請方法を提案することができます。加えて、補助金や助成金は単なる資金調達の手段ではなく、企業の成長を促進する制度でもあるため、経営戦略や資金計画の視点からのアドバイスを受けることで、長期的な成長を支援してもらえるというメリットもあります。

◆ 専門家を活用するデメリット

　一方で、専門家を活用することにはいくつかのデメリットもあります。まず、費用がかかる点が挙げられます。専門家に依頼する場合、着手金や成功報酬が発生することが一般的であり、特に大型の補助金（例：ものづくり補助金、事業再構築補助金）では成功報酬が高額になるケースもあります。そのため、事前に費用対効果を十分に検討する必要があります。

　また、専門家に依頼したとしても、必ずしも補助金や助成金が採択されるとは限りません。最終的な判断は審査機関が行うため、どんなに優れた専門家でも100％の成功保証はできない点には注意が必要です。

◆ 認定支援機関とは？

　補助金の種類によっては、申請時に**認定経営革新等支援機関（認定支援機関）**の確認書が必要になる場合があります。認定支援機関とは、中小企業や個人事業主を支援するために国（主に中小企業庁）が認定した専門家や団体のことです。具体的には補助金申請のサポート、資金調達支援（銀行融資や信用保証の活用）、経営改善計画の策定、財務診断・事業計画作成のアドバイスなどを提供しています。認定支援機関には、税理士・公認会計士事務所、金融機関（銀行・信用金庫など）、商工会議所・商工会、コンサルティング会社などが含まれます。

　また、認定支援機関は金融機関を通じて紹介を受けることもできますが、公式の認定支援機関検索サイトを利用することで、近くの支援機関を検索し、

その実績や得意分野を確認することが可能です(サイトURL：https://www.ninteishien.go.jp/NSK_CertificationArea)。支援実績の詳細が掲載されているページでは、名称/店舗名をクリックすると、相談可能な内容や過去の支援実績が確認できます。認定支援機関の得意分野を知ることで、自社に適した支援機関を見つける手助けとなるでしょう。

　認定支援機関は、最近の制度変更や公募要領を理解しています。また、補助金の申請にとどまらず、事業の成長や経営課題の解決に向けた中長期的な伴走支援も行っており、心強いパートナーとなることでしょう。

事業再構築補助金の認定支援機関に関する記載

応募申請にあたり、以下の点に留意してください。
ア．事業計画は、金融機関等又は認定経営革新等支援機関とご相談の上で作成し、確認を受けてください。「金融機関による確認書」又は「認定経営革新等支援機関による確認書」を提出してください。

出所：事業再構築補助金公募要領(第13回)

Index 索引

あ行

アトツギ甲子園・・・・・・・・・・・・・・・・・・・・・ 120
アンゾフの成長マトリクス・・・・・・・・・ 150
一般型・・・・・・・・・・・・・・・・・・・・・・・・・ 41,42
一般事業主行動計画・・・・・・・・・・・・・・・・ 99
インボイス制度・・・・・・・・・・・・・・・・・・・・ 21
売上計画・・・・・・・・・・・・・・・・・・・・・・・・・ 157
えるぼし・・・・・・・・・・・・・・・・・・・・・・・・・ 103

か行

概要欄・・・・・・・・・・・・・・・・・・・・・・・・・・・ 166
価格・・・・・・・・・・・・・・・・・・・・・・・・・・・・・ 148
カタログ型・・・・・・・・・・・・・・・・・・・・・・・・ 41
加点項目・・・・・・・・・・・・・・・・・・・・・・・・・・ 97
機会・・・・・・・・・・・・・・・・・・・・・・・・・・・・・ 125
キャリアアップ助成金・・・・・・・・・・・・・・ 52
給与総支給額・・・・・・・・・・・・・・・・・ 159,160
脅威・・・・・・・・・・・・・・・・・・・・・・・・・・・・・ 125
競合・・・・・・・・・・・・・・・・・・・・・・・・・・・・・ 146
行政書士・・・・・・・・・・・・・・・・・・・・・・・・・ 194
業務改善助成金・・・・・・・・・・・・・・・・・・・・ 56
くるみん・・・・・・・・・・・・・・・・・・・・・・・・・ 103
決算書・・・・・・・・・・・・・・・・・・・・・・・・・・・・ 89
健康経営・・・・・・・・・・・・・・・・・・・・・・・・・ 110
健康経営優良法人・・・・・・・・・・・・・・・・・ 110
口頭審査・・・・・・・・・・・・・・・・・・・・・・・・・・ 67
公募要領・・・・・・・・・・・・・・・・・・・・・・・・・・ 78
雇用関係助成金検索ツール・・・・・・・・・・ 60
雇用調整助成金・・・・・・・・・・・・・・・・・・・・・ 8
雇用保険料・・・・・・・・・・・・・・・・・・・・・・・・ 15

さ行

採択率・・・・・・・・・・・・・・・・・・・・・・・・・・・ 172
最低賃金の引き上げ・・・・・・・・・・・・・・・ 161
サイバーセキュリティお助け隊・・・・・・ 34
財務指標・・・・・・・・・・・・・・・・・・・・・・・・・ 154
事業計画書・・・・・・・・・・・・・・・・・・・ 122,162
事業継続力強化計画・・・・・・・・・・・・・・・ 114
事業再構築補助金・・・・・・・・・・・・・・・・・・ 40
事業財務情報・・・・・・・・・・・・・・・・・・・・・・ 87
事業承継・引継ぎ支援センター・・・・・・ 62
事業承継・引継ぎ補助金・・・・・・・・・・・・ 22
市場浸透戦略・・・・・・・・・・・・・・・・・・・・・ 150
次世代育成支援対策推進法・・・・・・・・・・ 31
持続化給付金・・・・・・・・・・・・・・・・・・・・・・・ 8
実施体制・・・・・・・・・・・・・・・・・・・・・・・・・ 139
実績報告・・・・・・・・・・・・・・・・・・・・・・・・・ 189
シナジー・・・・・・・・・・・・・・・・・・・・・・・・・ 152
社会保険労務士・・・・・・・・・・・・・・・・・・・ 194
社労士・・・・・・・・・・・・・・・・・・・・・・・・・・・ 194
収益納付・・・・・・・・・・・・・・・・・・・・・・ 44,192
小規模企業白書・・・・・・・・・・・・・・・・・・・・・ 8
小規模事業者持続化補助金・・・・・・・・・・ 16
助成金・・・・・・・・・・・・・・・・・・・・・・・・・ 10,14
女性の活躍推進企業データベース・・・・ 99
人材開発支援助成金・・・・・・・・・・・・・・・・ 49
新事業進出補助金・・・・・・・・・・・・・・・・・・ 37
新市場開拓戦略・・・・・・・・・・・・・・・・・・・ 150

申請ガイドライン・・・・・・・・・・・・・・・・・・・ 98
申請対象者チェッカー・・・・・・・・・・・・・・ 33
新製品開発戦略・・・・・・・・・・・・・・・・・・・ 150
成長型中小企業等研究開発支援事業・ 47
製品・・・・・・・・・・・・・・・・・・・・・・・・・・・・・・ 148
税理士・・・・・・・・・・・・・・・・・・・・・・・・・・・ 194
専門家・・・・・・・・・・・・・・・・・・・・・・・・・・・ 194
損益計算書・・・・・・・・・・・・・・・・・・・・・・・ 91

た行

貸借対照表・・・・・・・・・・・・・・・・・・・・・・・ 91
体制図・・・・・・・・・・・・・・・・・・・・・・・・・・・ 139
タイトル・・・・・・・・・・・・・・・・・・・・・・・・・・ 166
多角化戦略・・・・・・・・・・・・・・・・・・・・・・ 150
中小企業基本法・・・・・・・・・・・・・・・・・・・ 71
中小企業省力化投資補助金・・・・・・・・・ 41
中小企業診断士・・・・・・・・・・・・・・・・・・ 194
中小企業成長加速化補助金・・・・・・・・・ 45
デジタルトランスフォーメーション・・ 32
電子申請・・・・・・・・・・・・・・・・・・・・・・・・・ 76

な行

日本公庫事業者 Support Plus ・・・・・・ 60
日本標準産業分類・・・・・・・・・・・・・・・・ 117
認定経営革新等支援機関・・・・・・・・・・ 195
認定支援機関・・・・・・・・・・・・・・・・・・・・ 195

は行

パートナーシップ構築宣言・・・・・・・・ 106
ハザードマップポータルサイト・・・・ 114
バリュー・・・・・・・・・・・・・・・・・・・・・・・・ 130
販売管理費明細・・・・・・・・・・・・・・・・・・・ 91
販売促進・・・・・・・・・・・・・・・・・・・・・・・・ 148
ビジョン・・・・・・・・・・・・・・・・・・・・・・・・ 130

フェムテック・・・・・・・・・・・・・・・・・・・・ 174
付加価値額・・・・・・・・・・・・・・・・・・・・・・ 159
不正受給・・・・・・・・・・・・・・・・・・・・・・・・ 190
プラチナえるぼし・・・・・・・・・・・・・・・・ 105
法人事業概況説明書・・・・・・・・・・・・・・・ 91
法人番号・・・・・・・・・・・・・・・・・・・・・・・・ 117
ポジショニングマップ・・・・・・・・・・・・ 147
星取表・・・・・・・・・・・・・・・・・・・・・・・・・・ 147
補助金・・・・・・・・・・・・・・・・・・・・・・・・・ 10,12
補助金コンサルタント・・・・・・・・・・・・ 194
補助事業・・・・・・・・・・・・・・・・・・・・・・・・ 132

ま行

マーケティングの4P・・・・・・・・・・・・・ 148
ミッション・・・・・・・・・・・・・・・・・・・・・・ 130
見積書・・・・・・・・・・・・・・・・・・・・・・・・・・・ 92
ミラサポplus・・・・・・・・・・・・・・・・・・・・・ 86
ものづくり・商業・サービス生産性向上促進補助金・・・・・・・・・・・・・・・・・・・・・・・・ 28
ものづくり補助金・・・・・・・・・・・・・・ 28,92

や行

よろず支援拠点・・・・・・・・・・・・・・・・・・・ 61

ら行

流通・・・・・・・・・・・・・・・・・・・・・・・・・・・・ 148
両立支援のひろば・・・・・・・・・・・・・・・・・ 99
ローカルベンチマーク・・・・・・・・・・・・・ 88
代理申請機能・・・・・・・・・・・・・・・・・・・・・ 84

数字・英語

3C分析・・・・・・・・・・・・・・・・・・・・・・・・・ 130
B/S・・・・・・・・・・・・・・・・・・・・・・・・・・・・・ 91
ChatGPT・・・・・・・・・・・・・・・・・・・・・・・ 165

DX	32
e-Stat	117
Go-Tech 事業	47
GビズID	82
IT導入補助金	32
jGrants	83
J-Net21	59
J-SHIS ハザードステーション	114
OFF-JT	50
OJT	50
P/L	91
Perplexity AI	165
Place	148
PMI	26
Price	148
Product	148
Promotion	148
SMARTの原則	135
SWOT分析	122

●著者紹介

植村　裕加（うえむら・ゆか）

中小企業診断士（2023年登録）。IT企業にてプロジェクトリスク審査に従事する傍ら、補助金申請支援（ものづくり、小規模持続化、事業再構築、省力化投資補助金）や、中小企業診断士・販売士試験の受験指導に従事。保有資格は、日商簿記1級、販売士1級、情報処理安全確保支援士など。著書に『中小企業診断士2次試験　解き方の黄金手順』（共著／中央経済社）がある。

図解入門ビジネス 最新
中小企業と個人事業主の
補助金・助成金がよくわかる本

| 発行日 | 2025年05月05日　第1版第1刷 |

| 著　者 | 植村　裕加 |

| 発行者 | 斉藤　和邦 |
| 発行所 | 株式会社　秀和システム |

〒135-0016
東京都江東区東陽2-4-2　新宮ビル2階
Tel 03-6264-3105（販売）　Fax 03-6264-3094

| 印刷所 | 三松堂印刷株式会社　　　Printed in Japan |

ISBN978-4-7980-7497-9 C0034

定価はカバーに表示してあります。
乱丁本・落丁本はお取りかえいたします。
本書に関するご質問については、ご質問の内容と住所、氏名、電話番号を明記のうえ、当社編集部宛FAXまたは書面にてお送りください。お電話によるご質問は受け付けておりませんのであらかじめご了承ください。